©   Verlag Zabert Sandmann
München
1. Auflage 2012
ISBN 978-3-89883-344-8

Grafische Gestaltung	Georg Feigl
Rezeptfotos	Jo Kirchherr
Porträtfotos von Markus Lanz und Setfotos	Angela Lanz (weitere s. Bildnachweis S.184)
Kommentare und Aufmachertexte	Markus Lanz
Redaktion	Sarah Fischer, Ines Alms, Martina Solter
Redaktionelle Mitarbeit	Ulrike Kraus, Gerti Köhn, Katharina Lisson
Herstellung	Karin Mayer, Peter Karg-Cordes, Veronika Sen
Lithografie	Christine Rühmer
Druck & Bindung	Mohn Media Mohndruck GmbH, Gütersloh

 Beim Druck dieses Buchs wurde durch den innovativen Einsatz der Kraft-Wärme-Kopplung im Vergleich zum herkömmlichen Energieeinsatz bis zu 52 % weniger CO_2 emittiert. *Dr. Schorb, ifeu.Institut*

Markus Lanz

Die besten Rezepte aus meiner Kochshow

ZABERT SANDMANN

Inhalt

Liebe Leserinnen, liebe Leser,

dieses Buch ist die Geschichte einer Verdächtigung. Ich erinnere mich genau: Es geschah an einem heißen Augusttag des Jahres 2008. Ohne es je gewollt zu haben, geriet ich plötzlich unter Verdacht. Unter Kochverdacht. »Sie können das doch, oder?« Ich bestritt energisch. Denn die Wahrheit war: Trotz diverser gastronomischer Anwandlungen während meiner Studentenzeit hatte ich keinen blassen Schimmer von gehobener Küche. Ich hatte höchstens Teller gehoben, in die Spülmaschine, rein, raus, bis zu zweitausendmal am Tag, in der Großküche eines Hotels, in der schon Parmaschinken mit Zuckermelone als kulinarische Wunderwaffe galt. Drei lange Sommer schuftete ich dort, und als es endlich vorbei war, hatte ich eine sehr präzise Vorstellung davon, was ich niemals werden wollte: Koch.

»Sie können das doch, oder?« Immer wieder die gleiche Frage. Mal waren es die Kollegen beim ZDF, die sie stellten, mal waren es Zuschauer. Immer wieder verneinte ich. Glücklicherweise hat mir keiner geglaubt. Denn andernfalls hätte ich eine der interessantesten Erfahrungen meines Lebens nicht machen dürfen: die Begegnung mit den besten Köchen Deutschlands. Und damit meine ich ausdrücklich auch die, die wir kurzerhand einfach eingemeindet haben: Österreicher, Schweizer, Luxemburger, Türken, Argentinier, Koreaner, Ghanaer, sogar Bayern und Sylter.

Spitzenköche sind extreme Menschen. Und ich hatte bereits eine Ahnung davon. Denn knapp zwei Jahre zuvor hatte ich angefangen, die Geschichte eines Mannes aufzuschreiben, die mich bis heute berührt. In seinem ersten Leben war er Malocher, da, wo's staubt und stinkt, im größten Kohlekraftwerk Europas in der Nähe von Köln, hatte Frau, Kind und Reihenhaus und am Wochenende auch noch Kneipe und Fernseher, und dazwischen schraubte er an alten Autos. Ein Leben, wie es in der Gegend dort viele lebten. Eines, in dem nicht alles falsch war. Und trotzdem nichts richtig. Dann kam der erste Schlaganfall. Da war er 26. Wenig später folgte ein zwei-

ter, dann stand plötzlich sein Herz still. Dreimal schrammte er innerhalb weniger Jahre am Tod vorbei. Doch das ist nur die halbe Wahrheit. »Gestorben«, sagte er mir in einem unserer vielen Gespräche, »irgendwie gestorben bin ich schon viele Jahre vorher.« Als das ausging, was Menschen wie ihn ausmacht: Feuer, Leidenschaft.

Es war ausgerechnet dieser Moment, der zum Wendepunkt wurde. Die Tage, in denen sein neues Leben begann. Er mietete eine alte Lagerhalle und eröffnete dort ein Bistro mit angeschlossenem Autosalon. Einen herrlich bekloppten Laden, in dem er auf einem uralten Kohleofen Steaks machte, so dick, dass er sie gerne mit dem Ausruf anpries: »Alles unter 400 Gramm ist Carpaccio!« Immer wieder fotografierte ich ihn dort, fuhr kreuz und quer durchs Land, um mit alten Weggefährten zu sprechen, weil mich die Geschichte so gepackt hatte. Vielen Lesern erging es später genauso. Der Name des Mannes mit den zwei Leben: Horst Lichter.

So sind sie alle. Durchhalter. Aufsteher. Niemals-Aufgeber. Und eigen. So wie Alfons Schuhbeck, der glaubt, dass wir Orte und Menschen mit schlechter Energie meiden müssen. Wegen der geistigen Blähungen, die man davon kriegt, sagt er. Er grantelt gerne, aber nur, weil das in seiner bayerischen Heimat zur Folklore gehört. Tatsächlich ist er einer der herzlichsten Menschen, die ich kenne. Und einer der treuesten. Er hat aus seinen Niederlagen gelernt: »Grüße die Leute auf dem Weg nach oben, dann grüßen sie dich auch auf dem Weg nach unten«, sagt er manchmal. Und dabei blitzt in seinen blauen Augen so etwas Schelmisches, weil er weiß: Bevor er endgültig untergeht, würde er jedem dieser Wanderer auf dem Weg des Lebens noch schnell einen geeisten Kaiserschmarrn verkaufen. Nein, er geht nicht unter, egal, was kommt. »Wenn mir einer die Reifen zersticht, denke ich nicht eine Sekunde darüber nach, wer's war. Mich interessiert nur: Wo kriege ich neue Reifen her?« Das ist es, was sie alle auszeichnet: Gehe deinen Weg. Mach den Krampf der anderen nicht zu deinem eigenen.

Oder Alexander Herrmann, der mit neun Jahren plötzlich erwachsen werden musste, weil seine Eltern in einem Sportwagen starben, und der selbst nur deshalb noch am Leben ist, weil er an dem Tag keine Lust hatte mitzufahren. Er könnte damit hadern. Doch er tut es nicht, weil er verstanden hat, dass es eine andere Art von lebenslänglich wäre. Vielleicht ist er deshalb ein so heiterer Optimist. Man kann das von ihm lernen: Gehe niemals in dein eigenes Gefängnis.

Oder Nelson Müller, geboren in Ghana, Westafrika. Der Vater, Botschaftsangestellter, zog mit der Familie durch die Welt, erst nach Rom, später nach London. Irgendwo dazwischen blieb der kleine Sohn zurück, in Stuttgart, bei einer schwäbischen Familie. Er selbst hatte diese Entscheidung getroffen. Warum? »Es war ein Gefühl«, sagt er. Gefühl. Keiner hat davon so viel wie er. Soul nennt or dac. Es passt auf ganz erstaunliche Weise zusammen: Das Erdige Westafrikas und das Bodenständige Schwabens. Er kocht, wie er singt. Und er singt, wie er kocht. Nichts zu spüren von der Zerrissenheit, die er eigentlich in sich tragen müsste. Ja, Spätzle können Soul haben.

Oder Steffen Henssler, der irgendwann verstummte. Einfach nichts mehr sagte. Jahrelang. 14, 15 war er da und hatte die erste harte Lektion Leben schon hinter sich. Ob ihm der frühe Tod der Mutter die Sprache genommen hat? »Kann schon sein«, sagt er. Sicher ist er sich da nicht. Und er weiß auch nicht, wie alles gekommen wäre, hätte er nicht irgendwann im Lotto gewonnen. 44 000 Mark, einfach so. Schicksal das eine, Zufall das andere? Wo ist der Unterschied? Und: Ist das nicht egal? Die entscheidende Frage ist sowieso eine ganz andere, nämlich: Was ist die Konsequenz, wenn das Leben einen Pass spielt? Nimmst du ihn nur hin oder nimmst du ihn an? Er hat ihn angenommen und den Lottogewinn in eine Ausbildung an der Sushi-Akademie in Los Angeles investiert. Das Leben bietet manchmal eine verdammt gute Rendite.

Spitzenköche sind extreme Menschen. Extrem hart. Extrem ehrgeizig. Extrem liebenswert. In diesem Geist haben wir über Jahre »lanz kocht!« gemacht. Mit Pfeffer und Salz und dazwischen Ingwer und etwas Anarchie: unverstellt, ungeprobt, geradeaus. So, wie in der legendären Fernsehserie »Monaco Franze«, in der Helmut Fi-

scher über das Essen in der Polizeikantine sagt: »Des Essen, des is immer anders. Aber die Soß', die is immer gleich. Da steckt eine unheimliche Kontinuität drin.« Unsere Soß' war der gegenseitige Respekt: immer gleich, immer gleich groß. Deshalb haben Lea, Cornelia, Sarah, Johann, Johannes, Kolja, Studi, Tim, Ali, Chakall, Horst, Alfons und all die anderen immer großzügig darüber hinweggesehen, dass es bis zum Schluss nicht gelungen ist, aus mir einen Koch zu machen. Und sie haben dankenswerterweise darauf verzichtet, nicht vorhandenes Talent weiter zu fördern.

Inspiration? Sie werden sie in diesem Buch finden, hoffentlich. Noch glücklicher allerdings machte es mich, wenn Sie etwas von dem Geist verspürten, der immer durch unser Hamburger Studio wehte: Respekt, Hochachtung, Dankbarkeit gegenüber dem, was wir alle täglich zu uns nehmen, vor gutem, ehrlichem Essen.

Herzlichst, Ihr

Markus Lanz

Vorspeisen & Suppen

Suppen sind die Gewinner der neuen Freude am Kochen! Das liegt nicht nur am Chili, der über Asien längst auch den Weg in unsere Kochtöpfe gefunden hat, sondern auch an so wunderbaren Zutaten wie Matcha, den fein geriebenen Teeblättern, die die Japaner mittlerweile überall einsetzen: als Tee, in Gebäck und sogar in Softeis. Es liegt aber auch daran, dass sich aus fast allem Suppe machen lässt. Unvergessen das Süppchen, das Johannes King aus Salat gepresst hat. Der arme Salatkopf wurde so lange gewürgt und gewrungen, bis er die Suppe freiwillig hergab – lecker!

Erbsen-Matchatee-Suppe
mit Krustentier-Crostini

von Cornelia Poletto

Zutaten für 4 Personen

Für die Suppe:

2 Schalotten

1 Knoblauchzehe

1 Zweig Thymian

3 EL Olivenöl

800 g frische Erbsen (gepalt; ersatzweise tiefgekühlt)

Fleur de Sel

1 TL Zucker

50 ml Noilly Prat (z.B. Wermut)

100 ml Weißwein

¾ l Fischfond

100 g kalte Butter

Pfeffer aus der Mühle

100 g Sahne

2 EL Matchateepulver

Für die Crostini:

4 Langoustines (Kaisergranate, gegart und geschält; ersatzweise Garnelen)

Fleur de Sel

4 EL Olivenöl

1 Tomate

4 Brot-Chips (geröstetes Bauernbrot)

Außerdem:

einige Minzeblätter

2 EL Minzöl

1 Für die Suppe die Schalotten und den Knoblauch schälen und in feine Würfel schneiden. Den Thymian waschen und trocken tupfen. Das Olivenöl in einem großen Topf erhitzen und die Schalotten, den Knoblauch und den Thymian darin andünsten. Von den Erbsen 4 EL für die Einlage beiseitestellen. Die restlichen Erbsen in den Topf geben und mit Fleur de Sel und Zucker würzen. Mit dem Noilly Prat und dem Wein ablöschen, die Flüssigkeit etwas einköcheln lassen und den Fond angießen. Die Erbsen etwa 10 Minuten garen. Die Erbsen für die Einlage in kochendem Salzwasser 3 bis 5 Minuten blanchieren, in ein Sieb abgießen, kalt abschrecken und abtropfen lassen.

2 Den Thymian entfernen. Die Erbsen im Fond mit dem Stabmixer pürieren, durch ein feines Sieb streichen und wieder in den Topf geben. Die Butter in Würfel schneiden, hinzufügen und die Suppe mit dem Stabmixer aufschlagen. Mit Fleur de Sel und Pfeffer abschmecken und warm stellen.

3 Für die Crostini die Langoustines abbrausen, trocken tupfen und mit Fleur de Sel würzen. In einer Pfanne 2 EL Olivenöl erhitzen und die Langoustines darin auf beiden Seiten anbraten.

4 Die Tomate waschen, halbieren und entkernen, dabei den Stielansatz entfernen. Die Hälften in sehr kleine Würfel schneiden. Das restliche Olivenöl in einer Pfanne erhitzen und die Tomaten darin bei schwacher Hitze erwärmen, bis sie Flüssigkeit abgeben.

5 Die Sahne mit dem Teepulver verrühren und zur Suppe geben. Die Suppe mit dem Stabmixer schaumig aufschlagen und mit Fleur de Sel und Pfeffer abschmecken.

6 Die Minzeblätter waschen und trocken tupfen. Die Tomatenwürfel auf die Brot-Chips verteilen und je 1 Langoustine darauflegen. Je 3 belegte Chips zu einer Mini-Lasagne aufeinanderstapeln. Die Krustentier-Crostini jeweils in einen tiefen Teller setzen, die blanchierten ganzen Erbsen rundum verteilen und die Suppe vorsichtig angießen. Die Erbsen-Matchatee-Suppe mit dem Minzöl beträufeln und mit den Minzeblättern garniert servieren.

Abgeschmolzene Brotsuppe
mit Kalbsbrätnockerln und gerösteten Zwiebeln
von Alfons Schuhbeck

Zutaten für 4 Personen

Für die Suppe:

500 g Zwiebeln
60 g Butter
1 l Rinderbrühe
½ unbehandelte Zitrone
½ Knoblauchzehe
1 haselnussgroßes Stück Ingwer
(in Scheiben)
1 Lorbeerblatt
getrockneter Majoran
gemahlener Kümmel
mildes Chilipulver
Salz
150 g Bauernbrot

Für die Nockerl:

Salz
150 g Kalbsbrät
mildes Chilisalz
2 EL Sahne

Außerdem:

4 sehr dünne Scheiben
Bauernbrot
1–2 EL Butter
Salz
frisch geriebene Muskatnuss
1–2 EL Schnittlauchröllchen

1 Für die Suppe die Zwiebeln schälen, halbieren und in möglichst dünne Streifen schneiden. Die Hälfte der Butter in einem großen Topf erhitzen und die Zwiebelstreifen darin bei mittlerer Hitze goldbraun anbraten. 4 EL Zwiebeln herausnehmen und beiseitestellen. Die restlichen Zwiebeln mit der Brühe aufgießen. Die Zitrone heiß waschen und einen breiten Streifen Schale abschälen. Den Knoblauch schälen und in Scheiben schneiden. Die Zitronenschale, den Knoblauch, den Ingwer und das Lorbeerblatt in die Suppe geben und bei schwacher Hitze 6 bis 8 Minuten knapp unter dem Siedepunkt ziehen lassen.

2 Die Suppe mit je 1 Prise Majoran, Kümmel und Chilipulver sowie mit Salz würzen. Das Lorbeerblatt, die Zitronenschale und den Ingwer wieder entfernen. Das Brot in kleine Stücke schneiden und einige Minuten in der Suppe ziehen lassen. Die restliche Butter dazugeben und alles mit dem Stabmixer sämig pürieren. Die Suppe mit Salz und Gewürzen abschmecken.

3 Für die Nockerl in einem Topf reichlich Salzwasser auf etwa 90 °C erhitzen. Das Brät mit 1 Prise Chilisalz würzen und mit der Sahne glatt rühren. Mit einem nassen Teelöffel von der Masse kleine Nocken abstechen und mit einem zweiten nassen Teelöffel etwas nachformen, in das heiße Wasser geben und etwa 5 Minuten knapp unter dem Siedepunkt gar ziehen lassen.

4 Inzwischen die Brotscheiben in 4 bis 5 cm große Rechtecke schneiden. Die Butter in einer Pfanne erhitzen und die Brotstücke darin bei mittlerer Hitze auf beiden Seiten kross braten. Auf Küchenpapier abtropfen lassen und leicht mit Salz würzen.

5 In die vorgewärmten Suppenteller jeweils etwas Muskatnuss reiben. Die Kalbsbrätnockerl mit dem Schaumlöffel herausheben, abtropfen lassen und auf die Teller verteilen. Die Suppe dazugeben und die restlichen gebratenen Zwiebeln und die Brotchips darauf anrichten. Die Brotsuppe mit Schnittlauchröllchen garniert servieren.

Möhren-Chili-Suppe
mit Ingwer und Hamachi-Crespelle

von Steffen Henssler

Zutaten für 4 Personen

Für die Suppe:

300 g Möhren

2 Zwiebeln

10 g Ingwer

1 Chilischote

5 EL Butter

2 TL Zucker

Salz

100 ml weißer Portwein

1 cl Anisschnaps (z.B. Pernod)

½ l Gemüsebrühe

350 g Sahne

50 g eingelegter Ingwer

Pfeffer aus der Mühle

frisch geriebene Muskatnuss

Für die Crespelle:

100 g Mehl

200 ml Milch

2 Eier · Öl

200 g Hamachi-Filet
(junge Gelbschwanzmakrele)

1 Bund Schnittlauch

200 g Crème fraîche

100 ml Teriyaki-Sauce

1 Für die Suppe die Möhren, die Zwiebeln und den Ingwer schälen und in feine Würfel schneiden. Die Chilischote längs halbieren, entkernen, waschen und fein hacken. Die Butter in einem Topf erhitzen und Möhren, Zwiebeln, Ingwer und Chili darin andünsten. Den Zucker und 1 gestrichenen TL Salz darüberstreuen. Das Gemüse mit dem Portwein und dem Anisschnaps ablöschen, die Flüssigkeit etwas einkochen lassen und die Brühe dazugeben. Die Möhren etwa 20 Minuten gar köcheln lassen.

2 Inzwischen für die Crespelle das Mehl, die Milch und die Eier in einer Schüssel zu einem Crêpes-Teig verrühren. Etwas Öl in einer Pfanne erhitzen, einen kleinen Schöpflöffel Teig darin dünn verteilen und zu einer goldbraunen Crêpe backen. Mit dem restlichen Teig genauso verfahren. Die Crêpes einzeln auf Frischhaltefolie legen.

3 Das Fischfilet waschen, trocken tupfen und in dünne Scheiben schneiden. Den Schnittlauch waschen, trocken schütteln und in Röllchen schneiden. Die Crème fraîche steif schlagen und den Schnittlauch unterrühren. Die Crêpes dünn mit der Schnittlauch-Crème-fraîche bestreichen, mit Fischscheiben belegen und mithilfe der Frischhaltefolie aufrollen. Die Rollen in etwa 1 cm dicke Scheiben schneiden und auf einer Platte mit Teriyaki-Sauce beträufeln.

4 250 g Sahne zur Suppe geben und aufkochen lassen. Den eingelegten Ingwer hinzufügen und alles mit dem Stabmixer pürieren. Die Suppe durch ein feines Sieb streichen und mit Salz, Pfeffer und Muskatnuss abschmecken. Die restliche Sahne steif schlagen und unter die Suppe ziehen.

5 Die Möhren-Chili-Suppe in tiefe Teller oder Schalen verteilen und die Hamachi-Crespelle separat dazu servieren.

Markus Lanz

» Ich gebe zu, dass ich Möhren geschmacklich immer ziemlich öde fand. Doch dann kam diese Suppe! Ein klassischer Henssler mit richtig schön Wumms im Abgang. «

Egg Benedict
mit jungem Blattspinat

von Stefan Marquard

Zutaten für 4 Personen

Für die Sauce hollandaise:

5 schwarze Pfefferkörner
2 Wacholderbeeren
1 TL Senfkörner
¼ l Weißwein
1 EL Weißweinessig
Saft von ½ Zitrone
1 Lorbeerblatt
200 g Butter
3 Eigelb
Salz
Cayennepfeffer

Für den Spinat:

500 g junger Spinat
4 Scheiben gekochter Schinken
1 Knoblauchzehe
1 Schalotte
1 TL Butter
Zucker
Salz · Pfeffer aus der Mühle
frisch geriebene Muskatnuss

Für die pochierten Eier:

3 EL Weißweinessig
4 Eier

Außerdem:

4 Scheiben Toastbrot
1 EL Butter

1 Für die Sauce hollandaise Pfefferkörner, Wacholderbeeren und Senfkörner im Mörser leicht andrücken. Wein, Essig und Zitronensaft mit den Gewürzen und dem Lorbeerblatt in einem kleinen Topf bei starker Hitze auf etwa 5 EL einkochen lassen. Die Weinreduktion durch ein feines Sieb gießen. In einem zweiten Topf die Butter zerlassen und lauwarm abkühlen lassen.

2 Für den Spinat die Blätter verlesen und waschen. Den Schinken in feine Würfel schneiden. Den Knoblauch schälen und durch die Presse drücken. Die Schalotte schälen und in feine Würfel schneiden. Die Butter in einem weiten Topf zerlassen und die Schalotten darin andünsten. Den Knoblauch und den Schinken dazugeben und mit 1 Prise Zucker, Salz, Pfeffer und Muskatnuss würzen. Den tropfnassen Spinat hinzufügen, bei schwacher Hitze zusammenfallen lassen und mit Salz und Pfeffer abschmecken.

3 Die Eigelbe in einer Metallschüssel mit der Weinreduktion und 1 Prise Salz mit dem Schneebesen schaumig schlagen. Die Masse im heißen Wasserbad unter ständigem Rühren dickcremig schlagen. Nach und nach etwas Butter dazugeben und so lange weiterrühren, bis sie sich mit der Eimasse verbunden hat. Die restliche Butter unter ständigem Rühren in einem dünnen Strahl einfließen lassen. Die Sauce hollandaise mit Cayennepfeffer und nach Belieben mit 1 Spritzer Zitronensaft abschmecken und auf dem Wasserbad neben dem Herd warm halten (Wassertemperatur max. 60 °C; dabei hin und wieder mit dem Schneebesen verrühren). Den Backofengrill einschalten.

4 Für die pochierten Eier in einem Topf reichlich Wasser leicht sprudelnd aufkochen und den Essig dazugeben. Die Eier nacheinander in eine Tasse aufschlagen – das Eigelb muss unversehrt bleiben – und in das Essigwasser gleiten lassen. Die Eier im siedenden Wasser 3 bis 4 Minuten pochieren, sodass das Eigelb im Inneren noch flüssig ist.

5 Inzwischen die Brotscheiben mit der Butter bestreichen und unter dem heißen Backofengrill goldbraun rösten. Die Toastbrote auf kleine Teller legen und die Spinat-Schinken-Mischung darauf verteilen. Die pochierten Eier mit dem Schaumlöffel aus dem Wasser heben, abtropfen lassen und auf die Brote setzen. Jeweils ein paar Löffel Sauce hollandaise darübergeben und etwas Pfeffer grob darübermahlen. Die restliche Sauce hollandaise separat dazu servieren.

Eiersalat »Leonid Breschnew«
mit Kapern und Sardellen

von Kolja Kleeberg

Zutaten für 4 Personen

50 ml Weißweinessig
2 EL kleine Kapern (in Salz)
8 Eier
100 g Rote Bete (vorgegart und vakuumiert)
Zucker
grobes Meersalz
Pfeffer aus der Mühle
2 EL Obstessig
6 EL Öl
1 Bund Petersilie
80 g Butter
4 Scheiben Schwarzbrot
8 Sardellen (in Öl)

Markus Lanz

» Ein wunderbar erdiges und gleichzeitig würziges Gericht: Rote Bete, Kapern, Sardellen, Eier. Und ironisch! Nur für Breschnew hätte es zu Sowjetzeiten auch Kapern und Sardellen gegeben, für alle anderen wohl nicht. «

1 Den Weißweinessig mit kaltem Wasser in eine Schüssel geben und die Kapern einlegen, um das Salz auszuspülen. In einem Topf Wasser zum Kochen bringen und die Eier darin 6 Minuten wachsweich kochen. Inzwischen die Rote Bete in Würfel schneiden (dabei am besten Einweghandschuhe tragen) und mit 1 Prise Zucker, Salz, Pfeffer, Obstessig und Öl marinieren. Die Eier kalt abschrecken und pellen.

2 Die Petersilie waschen, gut trocken schütteln und die Blätter abzupfen. Die Butter in einer Pfanne bei mittlerer Hitze so lange erhitzen, bis sie goldbraun ist, und die Petersilie darin knusprig frittieren.

3 Die Brotscheiben im Toaster oder unter dem Backofengrill rösten, in grobe Würfel schneiden und mit der Roten Bete mischen. Die Sardellen mit Küchenpapier abtupfen. Die Kapern abbrausen und auf Küchenpapier abtropfen lassen.

4 Die Eier grob zerschneiden und auf Schälchen verteilen. Die Rote-Bete-Mischung daraufgeben und die heiße Petersilienbutter darübergießen. Den lauwarmen Eiersalat mit je 2 Sardellenfilets belegen und mit den Kapern bestreut servieren.

Pilz-Frittata
mit Pancetta

von Cornelia Poletto

Zutaten für 4 Personen

500 g Pilze (z.B. Pfifferlinge,
braune Champignons oder
gemischte Waldpilze)
60 g Pancetta (ital. Bauch-
speck; in dünnen Scheiben)
2 Schalotten
1 Knoblauchzehe
1 Stiel Petersilie
2 Zweige Thymian
4 EL Olivenöl
Meersalz
Pfeffer aus der Mühle
6 Eier
6 EL geriebener Parmesan

1 Den Backofen auf 160 °C vorheizen. Die Pilze putzen, falls nötig, mit Küchenpapier trocken abreiben, und in mundgerechte Stücke schneiden. Die Pancetta in Streifen schneiden. Die Schalotten und den Knoblauch schälen und in feine Würfel schneiden. Die Petersilie und den Thymian waschen und trocken schütteln. Die Petersilienblätter abzupfen und sehr fein schneiden. Die Thymianblättchen abzupfen und beiseitelegen.

2 In einer ofenfesten Pfanne 2 EL Olivenöl erhitzen und die Pancetta darin knusprig braten. Die Pilze dazugeben und rundum goldbraun braten. Die Petersilie hinzufügen und mit Meersalz und Pfeffer würzen. Die Pilzmischung aus der Pfanne nehmen und beiseitestellen.

3 Das restliche Olivenöl in der Pfanne erhitzen und die Schalotten, den Knoblauch und 1 EL Thymianblättchen darin anbraten. Mit Salz und Pfeffer würzen und die Pilze untermischen. Die Eier mit dem Parmesan verquirlen und mit Salz und Pfeffer würzen. Die Eier-Parmesan-Mischung über die Pilze gießen und durch Schwenken der Pfanne gleichmäßig verteilen. Die Eier im Ofen auf der mittleren Schiene etwa 15 Minuten stocken lassen.

4 Die Pilz-Frittata auf eine Platte gleiten lassen, in Portionsstücke schneiden und auf Teller verteilen. Dazu passt Feldsalat mit einem Dressing aus Essig, Öl, Senf, Thymian, Salz und Pfeffer.

Markus Lanz

» Pilze nie waschen, nur putzen! Wie oft fiel dieser Satz in unserem Kochstudio? Und wie viele Freizeitköche haben wir damit wohl in den Wahnsinn und wie viele Ehen in die Krise getrieben? Aber spätestens, wenn die Pilz-Frittata auf dem Tisch steht, ist dann alles wieder in Butter. «

Strammer Max de luxe
mit Wachteleiern

von Alexander Herrmann

Zutaten für 4 Personen

1 Knoblauchzehe
1 EL Butter
4 Scheiben Bauernbrot
1/2 Kästchen Gartenkresse
1/2 Bund Schnittlauch
4 EL Speisequark
Saft von 1/2 Zitrone
Salz · Pfeffer aus der Mühle
8 Wachteleier
12 Scheiben Landschinken

1 Den Knoblauch schälen und in dünne Scheiben schneiden. Die Butter in einer Pfanne mit dem Knoblauch erhitzen und die Brotscheiben darin goldbraun rösten. Die Kresse vom Beet schneiden. Den Schnittlauch und die Kresse waschen und trocken schütteln. Vom Schnittlauch die Spitzen abschneiden und mit etwas Kresse für die Garnitur beiseitelegen. Den restlichen Schnittlauch und die übrige Kresse für den Quark fein schneiden.

2 Den Quark mit Schnittlauch, Kresse und Zitronensaft verrühren und mit Salz und Pfeffer würzen. Eine Pfanne erhitzen und die Wachteleier darin bei mittlerer Hitze langsam zu Spiegeleiern braten.

3 Die Schinkenscheiben auf die Brote legen und jeweils ein paar Tupfen Kräuterquark darauf verteilen. Die Spiegeleier nach Belieben rund ausstechen und je 2 Stück auf die Brotscheiben auf den Schinken setzen. Den Strammen Max mit der restlichen Kresse, den Schnittlauchspitzen und nach Belieben mit Rotkohlsprossen bestreuen.

Markus Lanz

» Irgendwie müssen Spitzenköche ein besonders sinnliches Verhältnis zum Strammen Max haben. Es gibt kaum ein Gericht, das sie in unserer Fernsehküche so oft interpretiert haben. Und dieser von Alexander Herrmann ist zweifellos einer der besten! «

Rindertatar
mit frittierten Kräutern

von Steffen Henssler

Zutaten für 4 Personen

Für das Rindertatar:

80 g Schalotten

1 EL Kapern

300 g Rinderfilet

1 EL Sojasauce

3 EL Traubenkernöl

1 EL Sesamöl

1 Eigelb

Salz · Pfeffer aus der Mühle

4 Wachteleier

Für die frittierten Kräuter:

1 Bund Kräuter (Koriander oder Petersilie)

4 EL Mehl

100 ml Öl zum Frittieren

Außerdem:

100 g Crème fraîche

4 Scheiben Pumpernickel

Markus Lanz

» Ein gutes Essen schmeckt nicht nur, sondern überrascht auch mit einem besonderen ›Mundgefühl‹: das weiche Tatar, der herzhafte Pumpernickel, die knusprige Petersilie – genial! Und: So leicht zu kochen, dass sogar ich es schaffe ... «

1 Für das Tatar die Schalotten schälen und in sehr feine Würfel schneiden. Die Kapern klein hacken. Das Rinderfilet in sehr kleine Würfel schneiden. Das Fleisch mit den Schalotten, den Kapern, der Sojasauce, den beiden Ölsorten und dem Eigelb verkneten und mit Salz und Pfeffer würzen. Die Wachteleier etwa 3 Minuten kochen.

2 Für die frittierten Kräuter Koriander oder Petersilie waschen und trocken schütteln. Die Blätter abzupfen, im Mehl wenden und im heißen Öl 15 bis 30 Sekunden frittieren. Auf Küchenpapier abtropfen lassen.

3 Die Crème fraîche mit dem Handrührgerät steif schlagen. Die Wachteleier pellen, klein hacken und unter die Tatarmasse mischen.

4 Das Tatar auf den Pumpernickelscheiben verteilen (nach Belieben mit einem Ring Kreise ausstechen) und jeweils 1 Klecks Crème fraîche daraufsetzen. Das Rindertatar mit den frittierten Kräutern garniert servieren. Alternativ können die Wachteleier auch pochiert und auf dem Tatar angerichtet serviert werden.

Birnenröllchen
mit Brie, Pinienkernen und Honig

von Chakall

Zutaten für 4 Personen

1 Zwiebel
4 Birnen
100 g Pinienkerne
100 g Butter
1 EL Honig
200 g Brie
Salz · Pfeffer aus der Mühle
4 Filoteig-Blätter
(à ca. 40 x 42 cm)

1 Die Zwiebel schälen und in feine Würfel schneiden. Die Birnen vierteln, schälen und entkernen. Das Fruchtfleisch in kleine Würfel schneiden. Die Pinienkerne in einer Pfanne ohne Fett goldbraun rösten und herausnehmen. Den Backofen auf 170 °C vorheizen.

2 In der Pfanne 50 g Butter mit dem Honig bei schwacher Hitze unter Rühren erhitzen, bis sich der Honig aufgelöst hat. Die Temperatur etwas erhöhen und die Mischung unter Rühren leicht karamellisieren. Die Zwiebel dazugeben und goldbraun braten. Die Birnenwürfel hinzufügen und köcheln lassen, bis die Masse etwas eindickt.

3 Die Pinienkerne unter die Birnenmischung rühren, die Pfanne vom Herd nehmen und die Füllung abkühlen lassen. Den Brie in kleine Würfel schneiden, ebenfalls unterrühren und die Füllung mit Salz und Pfeffer würzen.

4 Die Filoteig-Blätter jeweils in 6 gleich große Stücke schneiden. Die restliche Butter zerlassen und mit dem großen Teil davon die Teigblätter bestreichen. Auf das untere Ende der Teigblätter jeweils 2 TL Birnen-Brie-Füllung geben. Die Seiten einschlagen und die Teigblätter aufrollen. Die Röllchen in eine mit Butter eingefettete ofenfeste Form legen, mit der restlichen Butter bestreichen und im Backofen auf der mittleren Schiene etwa 10 Minuten goldbraun backen. Die Birnenröllchen heiß servieren. Dazu passt ein kleiner Salat.

Markus Lanz

» Eigentlich ist er Argentinier, und bis heute leuchten seine Augen, wenn er ein schönes Stück Fleisch in der Pfanne hat. Als Koch gereift ist Chakall aber vor allem in Afrika. Jahrelang ist er kreuz und quer durch den Kontinent gereist und bringt die Gerüche und Gewürze Afrikas in deutsche Küchen. «

Süßsaure Pfifferlinge
mit Röstbrot, Speck-Chips und Kräutersalat
von Alexander Herrmann

Zutaten für 4 Personen

Für die Pfifferlinge:

400 g kleine feste Pfifferlinge
1 Schalotte
1/2 Knoblauchzehe
2 Zweige Thymian
3 EL Olivenöl
1 TL brauner Zucker
1–2 EL alter Aceto balsamico
2 EL Gemüsebrühe
Salz · Pfeffer aus der Mühle
1/2 TL Speisestärke

Für das Röstbrot:

4 Scheiben Bauernbrot
1 TL flüssige Butter
1 Msp. Quatre Épices
(franz. Gewürzmischung)
Salz

Für den Kräutersalat:

je 1/3 Bund Kerbel, Petersilie
und Sauerampfer
1/3 Kästchen Gartenkresse
1/4 Bund junger Löwenzahn
1/2 TL mittelscharfer Senf
2 EL Weißweinessig
2 EL Gemüsebrühe
5 EL Olivenöl
Salz

Außerdem:

4 Scheiben Räucherspeck

1 Die Pfifferlinge putzen und, falls nötig, mit Küchenpapier trocken abreiben. Die Pilze in einer Pfanne ohne Fett anbraten und beiseitestellen. Die Schalotte und den Knoblauch schälen und in feine Würfel schneiden. Den Thymian waschen und trocken tupfen.

2 Den Backofen auf 160 °C vorheizen. In einer Pfanne das Olivenöl erhitzen und die Schalotte und den Knoblauch darin andünsten. Den Zucker darüberstreuen und karamellisieren. Mit dem Essig und der Brühe ablöschen. Die Thymianzweige hinzufügen, die Flüssigkeit etwas einkochen lassen und die Sauce mit Salz und Pfeffer abschmecken. Die Speisestärke mit wenig kaltem Wasser glatt rühren, unter die Sauce mischen und aufkochen lassen. Die Pfifferlinge zur Sauce geben und bei schwacher Hitze ziehen lassen.

3 Für das Röstbrot die Brotscheiben nach Belieben halbieren oder vierteln und mit der flüssigen Butter beträufeln. Mit der Gewürzmischung und 1 Prise Salz bestreuen und im Ofen auf der mittleren Schiene knusprig rösten. Die Speckscheiben auf ein Backblech legen und im Ofen kross rösten.

4 Inzwischen für den Kräutersalat den Kerbel, die Petersilie, den Sauerampfer, die Gartenkresse und den Löwenzahn waschen und trocken schleudern, die Blätter abzupfen bzw. klein zupfen. Den Senf, den Essig, die Brühe, das Olivenöl und Salz zu einer Vinaigrette verrühren und die gezupften Kräuter damit marinieren.

5 Die süßsauren Pfifferlinge mit Sud auf Teller verteilen und mit den Speck-Chips und dem Röstbrot belegen. Den Kräutersalat darauf anrichten.

Brezenknödelsalat
mit Wiener Würstchen und Spargel

von Alfons Schuhbeck

Zutaten für 4 Personen

Für die Brezenknödel:

*250 g Brezenstangen
(Laugenstangen; vom Vortag)
2 Eier
¼ l heiße Milch
Salz · Pfeffer aus der Mühle
frisch geriebene Muskatnuss
½ Zwiebel
2 EL Öl
2 EL fein gehackte Petersilie*

Für das Dressing:

*½ Knoblauchzehe
1 Eigelb
½ TL scharfer Senf
100 ml lauwarme Gemüsebrühe
1 Msp. fein geriebener Ingwer
1–2 EL Weißweinessig
150 ml mildes Öl
Salz · Pfeffer aus der Mühle
Zucker
mildes Chilipulver*

Für den Salat:

*1 Bund Frühlingszwiebeln
1 Bund Radieschen
100 g kleine Essiggurken
100 g weißer Spargel
100 g grüner Spargel
Salz
100 g Cocktailtomaten
500 g Wiener Würstchen
2 Eier
1 Zwiebel
½ Kopfsalat*

1 Für die Brezenknödel von den Laugenstangen das Salz abreiben und die Stangen in etwa 1 cm große Würfel schneiden. Die Eier in einer Schüssel mit der Milch verquirlen. Die Eiermilch mit Salz, Pfeffer und Muskatnuss würzen und die Laugenstangenwürfel vorsichtig untermischen. Die Zwiebel schälen und in feine Würfel schneiden. In einer Pfanne in 1 EL Öl bei schwacher Hitze andünsten und mit der Petersilie unter die Knödelmasse mischen.

2 Zwei Lagen starke Alufolie mit Frischhaltefolie belegen. Mit angefeuchteten Händen jeweils die Hälfte der Knödelmasse auf die Folien geben und zu Rollen von etwa 5 cm Durchmesser formen. Die Rollen zuerst in die Frischhaltefolie, dann in die Alufolie wickeln. Die Enden der Alufolie andrücken, dann zusammendrehen, sodass feste, gleichmäßige Rollen entstehen. Die Knödelrollen in leicht siedendem Wasser etwa 30 Minuten garen. Die Knödel auswickeln und noch heiß in Scheiben schneiden.

3 Für das Dressing den Knoblauch schälen und andrücken. Das Eigelb mit dem Senf verrühren, die Brühe, Ingwer, Essig und Knoblauch dazugeben und mit dem Stabmixer verrühren. Das Öl in einem dünnen Strahl dazugießen und mit dem Stabmixer unterschlagen. Die Salatsauce mit Salz, Pfeffer und je 1 Prise Zucker und Chilipulver würzen.

4 Für den Salat die Frühlingszwiebeln und die Radieschen putzen und waschen. Die Frühlingszwiebeln und die Essiggurken schräg in Scheiben schneiden. Die Radieschen quer in dünne Scheiben schneiden. Den weißen Spargel schälen und die Enden abschneiden. Den grünen Spargel waschen, im unteren Drittel schälen und die Enden abschneiden. Alle Spargelstangen schräg in Scheiben schneiden und in Salzwasser knapp unter dem Siedepunkt bissfest garen. Die Cocktailtomaten waschen und halbieren.

5 Das restliche Öl in einer Pfanne erhitzen und die Knödelscheiben darin auf beiden Seiten anbraten. Die Würstchen schräg in 3 bis 5 mm dicke Scheiben schneiden, mit den Knödelscheiben und den vorbereiteten Salatzutaten in einer Schüssel mit dem Dressing mischen. 10 Minuten ziehen lassen.

6 Inzwischen die Eier 10 Minuten hart kochen, kalt abschrecken und pellen. Die Zwiebel schälen, halbieren und in Streifen schneiden, 1 bis 2 Minuten in Salzwasser blanchieren, kalt abbrausen und abtropfen lassen. Den Salat putzen, waschen, trocken schleudern und in Stücke zupfen. Den Brezenknödelsalat abschmecken und auf Teller verteilen. Salatblätter, Eier und Zwiebel darauf anrichten und mit dem übrigen Dressing aus der Schüssel beträufeln.

Avocado-Orangen-Spargel-Salat
mit Hummer-Mayonnaise

von Lea Linster

Zutaten für 4 Personen

Für den Salat:

1 kg weißer Spargel · Salz

2 unbehandelte Orangen

2 Orangen

2 TL Honig

1 EL Dijon-Senf

100 ml Melfor-Essig

50 ml Sherry-Essig

1/4 l Traubenkernöl

Pfeffer aus der Mühle

Tabasco

Piment d'Espelette

1/2 Bund Schnittlauch

4 grüne Salatblätter

2 Avocados (nicht zu reif)

Für die Hummer-Mayonnaise:

3 TL Senf

6 sehr frische Eigelb

425 ml Traubenkernöl

6 Tomaten

1 Bund Estragon

Salz · Pfeffer aus der Mühle

9 EL Hummerfond

1 Für den Salat den Spargel schälen und die Enden abschneiden. Die Stangen schräg in Scheiben schneiden, in einen Topf geben und leicht mit Salz würzen. So viel kaltes Wasser angießen, dass die Stangen bedeckt sind, und den Spargel 2 bis 3 Stunden ziehen lassen.

2 Die unbehandelten Orangen heiß waschen, trocken reiben und die Schalen abreiben. Die 4 Orangen auspressen, den Saft und die abgeriebenen Schalen mit dem Honig in einen kleinen Topf geben und auf die Hälfte einkochen lassen. Den Sud etwas abkühlen lassen, dann den Senf und die beiden Essigsorten dazugeben. Das Öl nach und nach unterrühren. Die Vinaigrette mit Salz, Pfeffer, 1 Spritzer Tabasco und 1 Prise Piment d'Espelette abschmecken und kurz mit dem Stabmixer aufschlagen.

3 Für die Hummer-Mayonnaise den Senf und die Eigelbe miteinander verrühren. Das Öl unter ständigem Rühren erst tropfenweise, dann in einem feinen Strahl dazugeben. Die Tomaten kreuzweise einritzen, überbrühen, häuten, vierteln und entkernen. Das Fruchtfleisch in Würfel schneiden. Den Estragon waschen und trocken schütteln. Die Blätter von den Stielen zupfen und in Streifen schneiden. Die Tomaten mit dem Estragon zur Mayonnaise geben und mit Salz und Pfeffer würzen. So viel Hummerfond unterrühren, bis die Mayonnaise eine geschmeidige Konsistenz hat.

4 Den Schnittlauch und die Salatblätter waschen und trocken schütteln. Den Schnittlauch in feine Röllchen schneiden, den Salat in mundgerechte Stücke zupfen. Den Spargel abgießen und abtropfen lassen, mit der Vinaigrette mischen und mit etwas Schnittlauch bestreuen. Die Avocados halbieren und den Stein entfernen. Die Hälften schälen, das Fruchtfleisch in feine Spalten schneiden und mit den Salatblättern unter den Spargel heben.

5 Den Avocado-Orangen-Spargel-Salat auf Teller verteilen, mit der Hummer-Mayonnaise garnieren und mit dem restlichen Schnittlauch bestreuen.

Markus Lanz

» Der Spaß kommt durch das Spiel mit Süße und Säure: Erfrischender kann Spargel nicht schmecken! «

Gebratener Artischockensalat
mit Tomaten-Olivenöl-Vinaigrette und Focaccia
von Alexander Herrmann

Zutaten für 4 Personen

Für den Salat:

*Saft und abgeriebene Schale
von 1 unbehandelten Zitrone*

4 mittelgroße Artischocken

2 Schalotten

1 Knoblauchzehe

¼ Bund Thymian

2 EL Olivenöl

10 schwarze Oliven (entsteint)

Salz · Pfeffer aus der Mühle

Für die Vinaigrette:

4 Tomaten

8 EL Olivenöl

2 EL Aceto balsamico

Außerdem:

*200 g Focaccia
(ital. Fladenbrot)*

1 EL Butter

1 kleines Romanasalatherz

1 Für den Salat 1 TL Zitronensaft beiseitestellen, den Rest mit 4 EL Wasser mischen. Die Artischocken waschen und die holzigen Blätter entfernen. Den Stiel der Artischocken abschneiden. Die Artischocken vierteln, das Heu entfernen und die Viertel im Zitronenwasser wenden, damit sie nicht braun werden.

2 Die Schalotten schälen, halbieren und in Streifen schneiden, den Knoblauch ebenfalls schälen. Den Thymian waschen und trocken schütteln. Das Olivenöl in einer Pfanne erhitzen und die Artischocken mit den Schalotten, dem Knoblauch, Thymian und der Zitronenschale darin 5 Minuten dünsten. Die Artischocken herausnehmen, mit den Oliven in einer Schüssel mischen und mit Salz, Pfeffer und dem restlichen Zitronensaft abschmecken.

3 Für die Vinaigrette den Backofen auf 100 °C Umluft vorheizen. Die Tomaten kreuzweise einritzen, überbrühen, häuten, vierteln und entkernen, dabei die Stielansätze entfernen. Die Tomatenviertel in eine ofenfeste Form geben, mit 4 EL Olivenöl beträufeln und im Ofen auf der mittleren Schiene 15 Minuten garen.

4 Inzwischen die Focaccia in Würfel schneiden. Die Butter in einer Pfanne erhitzen und die Brotwürfel darin rundum goldbraun braten. Das Salatherz putzen, waschen und trocken schleudern.

5 Die Focacciawürfel und die Salatblätter auf Tellern anrichten. Die Artischocken und die Tomaten darauf verteilen und mit dem Essig und dem restlichen Olivenöl beträufeln.

Markus Lanz

» Die alten Griechen und Römer waren überzeugt davon, dass Artischocken vor allem auf Männer belebend wirken. Später galten sie als Statussymbol, das sich vor allem Wohlhabende leisteten. In dieser gebratenen Variante von Alexander Herrmann sind sie besonders bekömmlich und schmackhaft! «

Sushi Rolls
mit Jakobsmuscheln und Krebsfleisch

von Steffen Henssler

Zutaten für 4 Personen

Für die Jakobsmuscheln:

1 EL Senf
2 sehr frische Eigelb
¼ l Öl
1 EL Crème fraîche
Saft von ½ Zitrone
Salz · Pfeffer aus der Mühle
150 g Jakobsmuscheln
(ausgelöst; ohne Corail)

Für die Sushi Rolls:

160 g Sushireis
100 ml Reisessig
85 g Zucker
30 g Salz
¼ Salatgurke
½ Avocado
150 g Flusskrebsschwänze
(küchenfertig)
Salz · Pfeffer aus der Mühle
Chilisauce
2 Noriblätter
½ TL Wasabipaste
4 EL Sojasauce

Markus Lanz

>> Sushi kann man nicht zu Hause machen? Kann man doch! Und der Lohn dafür ist ein besonderes Geschmackserlebnis: Denn Sushi schmeckt meiner Meinung nach dann besonders gut, wenn der Reis noch einen Hauch Restwärme hat. «

1 Für die Jakobsmuscheln Senf, Eigelbe, Öl, Crème fraîche und Zitronensaft etwa 1 Stunde vor Verarbeitung aus dem Kühlschrank nehmen. Den Senf und die Eigelbe in einer Schüssel verrühren. Das Öl unter ständigem Rühren erst tropfenweise, dann in einem dünnen Strahl dazugeben. Die Crème fraîche und den Zitronensaft unterrühren und die Mayonnaise mit Salz und Pfeffer würzen.

2 Für die Sushi Rolls den Reis in eine Schüssel geben und mit kaltem Wasser bedecken. Den Reis mit den Händen vorsichtig kreisend 1 bis 2 Minuten waschen. Das Wasser abgießen und den Vorgang wiederholen, bis das Wasser klar bleibt. In einem Topf etwa 200 ml Wasser aufkochen lassen, den Reis hinzufügen und bei schwacher Hitze zugedeckt 15 Minuten garen. Den Herd ausschalten und den Reis weitere 15 Minuten zugedeckt quellen lassen. Den Backofen auf 200 °C vorheizen.

3 Essig, Zucker und Salz zu einem »Sushizu« verrühren. Den heißen Reis in eine Schüssel geben und 25 ml Sushizu untermischen (der restliche Sushizu hält sich im Kühlschrank etwa 1 Jahr). Die Schüssel mit einem feuchten Tuch bedecken und den Reis 10 bis 15 Minuten ziehen lassen.

4 Inzwischen die Jakobsmuscheln waschen, trocken tupfen und in feine Würfel schneiden. Die Muschelstücke in eine ofenfeste Form geben, mit der Mayonnaise mischen und im Ofen auf der mittleren Schiene etwa 8 Minuten gratinieren.

5 Die Gurke waschen, längs vierteln und entkernen. Die Avocado schälen und den Stein entfernen. Das Fruchtfleisch längs in 8 Spalten schneiden. Die Krebsschwänze abbrausen, trocken tupfen, fein hacken und mit Salz, Pfeffer und etwas Chilisauce würzen. Die Noriblätter halbieren. Den Reis mit angefeuchteten Händen dünn auf den Noriblättern verteilen und andrücken. Den Reis mit Frischhaltefolie belegen und die Noriblätter umdrehen (die mit Frischhaltefolie bedeckte Reisseite liegt jetzt auf der Arbeitsfläche). Die Noriblätter dünn mit Wasabi bestreichen und je 2 Avocadospalten, ein Viertel der Gurkenstreifen und der Krebsschwänze gleichmäßig darauf verteilen. Die Noriblätter mithilfe der Frischhaltefolie von den Längsseiten her aufrollen und mit einer Bambusmatte in Form bringen, d. h. leicht anpressen. Jede Rolle mit einem scharfen Messer in 5 bis 6 Stücke schneiden.

6 Die Sushi Rolls auf Teller verteilen und die gratinierten Jakobsmuscheln darauf anrichten. Die Sojasauce separat dazu servieren.

Knusprige Fischpflanzerl
auf Mango-Avocado-Radieserl-Salat

von Alfons Schuhbeck

Zutaten für 4 Personen

Für die Fischpflanzerl:

400 g Fischfilet (z.B. Lachs,
Zander; ohne Haut und Gräten)
100 g Garnelen (küchenfertig)
50 g Weißbrot
½ Bund Frühlingszwiebeln
50 g Sahne
1 EL scharfer Senf
1 Ei
frisch geriebene Muskatnuss
Chilisalz · 4 EL Paniermehl
3 EL Öl

Für den Salat:

2 reife Avocados
50 g Paniermehl
2 EL braune Butter
(siehe S. 103, Schritt 3)
mildes Chilisalz
1 Mango
10 Radieschen
¼ Bund Basilikum
1 EL eingelegter Ingwer

Für die Sauce:

1 EL Zucker
Salz
1 ½ EL Weißweinessig
1 TL Tomatenmark
½ TL geriebener Ingwer
½ TL geriebener Knoblauch
1 EL Speisestärke
1 Mango
Chiliflocken

1 Für die Fischpflanzerl das Fischfilet und die Garnelen waschen, trocken tupfen und in sehr kleine Würfel schneiden. Das Weißbrot ebenfalls in Würfel schneiden. Die Frühlingszwiebeln putzen, waschen und in Ringe schneiden. Ein Viertel der Fischwürfel mit der Sahne in einem Blitzhacker pürieren und mit den übrigen Fischwürfeln, den Weißbrotwürfeln, Senf, Ei, Muskatnuss und Chilisalz mischen.

2 Aus der Fischmasse mit angefeuchteten Händen Pflanzerl formen. Das Paniermehl auf einen Teller geben und die Pflanzerl darin wenden. Das Öl in einer Pfanne erhitzen und die Fischpflanzerl darin bei mittlerer Hitze langsam auf beiden Seiten goldbraun braten. Herausnehmen und auf Küchenpapier abtropfen lassen.

3 Für den Salat die Avocados halbieren und den Stein entfernen. Die Hälften schälen und das Fruchtfleisch in Spalten schneiden. Das Paniermehl auf einen Teller geben und die Avocadospalten darin wenden. Die braune Butter in einer Pfanne erhitzen und die Avocadospalten darin goldbraun braten. Mit Chilisalz würzen und auf Küchenpapier abtropfen lassen. Die Mango schälen, das Fruchtfleisch auf den flachen Seiten vom Stein schneiden und in große Stücke schneiden. Die Radieschen putzen, waschen und vierteln. Das Basilikum waschen, trocken schütteln und die Blätter abzupfen.

4 Für die Sauce 170 ml Wasser mit Zucker, ½ TL Salz, Essig, Tomatenmark, Ingwer und Knoblauch in einen Topf geben und aufkochen lassen. Die Speisestärke mit wenig kaltem Wasser glatt rühren, zur Sauce geben und aufkochen lassen. Die Mango schälen, das Fruchtfleisch auf den flachen Seiten vom Stein schneiden und in kleine Stücke schneiden. Die Mangostücke mit der Sauce in einen hohen Rührbecher geben und mit dem Stabmixer pürieren. Mit Salz und Chiliflocken würzen.

5 Die Mangosauce als Spiegel auf Teller verteilen, die Avocadospalten, die Mangostücke, die Radieschen und die Fischpflanzerl darauf anrichten und mit dem eingelegten Ingwer und Basilikum garnieren.

Yin & Yang
von Heilbutt und Wildlachs mit Fenchelsalat
von Ralf Zacherl

Zutaten für 4 Personen

Für den Heilbutt:

240 g Heilbuttfilet (ohne Haut)
1 walnussgroßes Stück Ingwer
Saft von 1 Limette
1 TL helle Sojasauce
1 EL Olivenöl
Meersalz

Für den Wildlachs:

240 g Wildlachsfilet
(ohne Haut)
1 rote Chilischote
Saft von 1 Limette
1 TL helle Sojasauce
1 EL Sesamöl
Meersalz

Für den Salat:

4 Fenchelknollen
Saft von 1 Zitrone
Meersalz
weißer Pfeffer aus der Mühle
Saft von 2 Orangen
1 Döschen Safranfäden (0,1 g)
2 EL Honig
½ TL gemahlener Koriander
2 EL Olivenöl

Außerdem:

1 Handvoll Wildkräuter
(oder Pflücksalat)
je 20 g Lachskaviar und
Osietrakaviar
100 g Crème fraîche

1 Für den Heilbutt das Heilbuttfilet waschen und trocken tupfen. Mit einem scharfen Messer sehr schräg in hauchdünne Scheiben schneiden. Den Ingwer schälen und in feine Würfel schneiden. Ingwer, Limettensaft, Sojasauce, Olivenöl und 1 Prise Meersalz zu einer Vinaigrette verrühren und auf einem großen flachen Teller ausstreichen. Die Heilbuttscheiben nebeneinander darauflegen und etwa 20 Minuten marinieren, dabei nach der Hälfte der Zeit einmal wenden.

2 Für den Wildlachs das Wildlachsfilet waschen und trocken tupfen. Mit einem scharfen Messer sehr schräg in hauchdünne Scheiben schneiden. Die Chilischote längs halbieren, entkernen, waschen und fein hacken. Chili, Limettensaft, Sojasauce, Sesamöl und 1 Prise Meersalz zu einer Vinaigrette verrühren und auf einem großen flachen Teller ausstreichen. Die Wildlachsscheiben nebeneinander darauflegen und etwa 20 Minuten marinieren, dabei nach der Hälfte der Zeit einmal wenden.

3 Für den Salat die Fenchelknollen putzen, waschen und den harten Strunk entfernen. Die Knollen in die einzelnen Segmente zerlegen, diese ganz dünn schälen und mit der Aufschnittmaschine oder dem Küchenhobel in hauchdünne Scheiben schneiden. Den Fenchel mit Zitronensaft, Meersalz und Pfeffer würzen und 2 bis 3 Minuten vorsichtig drücken. Dann in ein Sieb geben und abtropfen lassen.

4 In einem Topf den Orangensaft auf die Hälfte einköcheln lassen. Den Safran, den Honig und den Koriander dazugeben und etwa 2 Minuten mitköcheln lassen. Den Fenchel mit der Orangenreduktion in einer Schüssel mischen und das Olivenöl unterheben. Die Wildkräuter waschen, trocken schütteln und in sehr kleine Stücke zupfen.

5 Auf flachen Tellern mit den Heilbutt- und Wildlachsscheiben jeweils ein Yin-und-Yang-Symbol auslegen (eventuell eine Schablone verwenden). Als »Auge« auf das Heilbuttfilet 1 Klecks Lachskaviar setzen und auf den Wildlachs entsprechend etwas Osietrakaviar. Um das Symbol kreisförmig den Fenchelsalat verteilen und mit den Kräutern verzieren. Die Crème fraîche in einen Gefrierbeutel geben, eine Ecke abschneiden und um den Fenchelsalat kleine Tupfen spritzen.

Teufelssalat
mit Regensburger Würsten

von Kolja Kleeberg

Zutaten für 4 Personen

Für den Salat:

2 rote Paprikaschoten

2 Möhren

2 gelbe Möhren

1 Stange junger Lauch

1 Apfel

400 g Regensburger Würste

4 Gewürzgurken

1 Bund Koriander

Für das Dressing:

50 g eingelegte rote Paprika-schoten (aus dem Glas)

100 ml Rinderbrühe

4 EL Rotweinessig

50 ml kalt gepresstes Öl

1 EL scharfer Senf

Tabasco

1 TL Sambal Oelek

Salz · Pfeffer aus der Mühle

Zucker

Außerdem:

4 große schöne Salatblätter

1 Für den Salat die Paprikaschoten längs halbieren, entkernen und waschen. Die Hälften zuerst in dünne Streifen, dann in etwa 3 cm lange Stücke schneiden. Die Möhren putzen, schälen, längs in Streifen und quer in dünne Stifte schneiden. Den Lauch putzen, längs aufschneiden, waschen, trocken schütteln und in feine Streifen schneiden. Den Apfel waschen, vierteln und das Kerngehäuse entfernen. Die Viertel zuerst in dünne Scheiben, dann quer in Stifte schneiden. Die Würste und die Gurken zuerst längs in Streifen, dann quer in dünne Stifte schneiden.

2 Die vorbereiteten Zutaten in einer großen Schüssel mischen. Den Koriander waschen und trocken schütteln, die Blätter abzupfen und fein schneiden.

3 Für das Dressing die abgetropften Paprikaschoten mit Brühe, Essig, Öl, Senf, einigen Spritzern Tabasco, Sambal Oelek, Salz, Pfeffer und 1 Prise Zucker in einen hohen Rührbecher geben und mit dem Stabmixer cremig pürieren. Das Dressing und den Koriander zum Salat geben und alles sorgfältig mischen. Die Salatblätter waschen, trocken schütteln und etwas zerzupfen, auf Teller verteilen und den Teufelssalat darauf anrichten.

Markus Lanz

» Diese feine Brühwurst aus Regensburg wird definitiv zu wenig gewürdigt! Das muss sich ändern. «

Backhendl

mit Kartoffel-Vogerl-Salat und Speckkrusteln

von Alfons Schuhbeck

Zutaten für 4 Personen

Für den Salat:

1 kg vorwiegend festkochende Kartoffeln · Salz

½ EL ganzer Kümmel

100 g Vogerlsalat (Feldsalat)

100 g Frühstücksspeck · 2 EL Öl

40 g eingelegter Ingwer

1 kleine Zwiebel · 400 ml Hühnerbrühe · 3 EL Rotweinessig

1 EL Dijon-Senf · mildes Chilipulver · Zucker · 3 EL braune Butter (siehe S.103, Schritt 3)

Für die Remoulade:

1 hart gekochtes Ei

2 TL Kapern · 1 Sardellenfilet

1 Essiggurke · 150 g Schmand

1 EL gemischte gehackte Kräuter (z.B. Schnittlauch, Dill, Petersilie)

1 TL Dijon-Senf · Chilisalz

Pfeffer aus der Mühle

Für das Backhendl:

2 Eier

Saft und abgeriebene Schale von 1 unbehandelten Zitrone

Salz · Pfeffer aus der Mühle

frisch geriebene Muskatnuss

4 Hähnchenbrustfilets (à 120 g)

80 g doppelgriffiges Mehl (Wiener Griessler)

100 g Paniermehl

200 ml Öl · 1 EL Butter

1 Die Kartoffeln gründlich waschen und mit der Schale in Salzwasser mit dem Kümmel weich kochen. Abgießen und lauwarm abkühlen lassen. Die Kartoffeln pellen, in dünne Scheiben schneiden und in eine Schüssel geben. Den Feldsalat verlesen, waschen und trocken schleudern. Den Speck in dünne Streifen schneiden. In einer Pfanne 1 EL Öl erhitzen und den Speck darin anbraten. Herausnehmen und auf Küchenpapier abtropfen lassen. Den Ingwer abtropfen lassen und in feine Streifen schneiden.

2 Die Zwiebel schälen und in feine Würfel schneiden. Das restliche Öl in einer Pfanne erhitzen und die Zwiebel darin bei mittlerer Hitze andünsten. Die Brühe erhitzen, Essig und Senf unterrühren und mit Salz, je 1 Prise Chilipulver und Zucker würzen. Eine kleine Handvoll Kartoffeln in die Brühe geben und mit dem Stabmixer zu einem cremigen Dressing pürieren. Das Dressing nach und nach unter die restlichen Kartoffelscheiben mischen, bis sie die Flüssigkeit vollständig aufgenommen haben. Die braune Butter mit Zwiebel und Ingwer unterheben.

3 Für die Remoulade das Ei pellen und in kleine Würfel schneiden. Die Kapern und das Sardellenfilet fein hacken. Die Essiggurke in feine Würfel schneiden. Den Schmand mit den vorbereiteten Zutaten, den Kräutern und dem Senf verrühren und mit Chilisalz und Pfeffer würzen.

4 Für das Backhendl die Eier verquirlen, mit 1 TL Zitronensaft, der Hälfte der Zitronenschale, Salz, Pfeffer und Muskatnuss würzen. Die Hähnchenbrustfilets waschen, trocken tupfen und schräg in je 4 Scheiben schneiden. Die Scheiben mit Salz und Pfeffer würzen und nacheinander im Mehl, Eiern und Paniermehl wenden. Die Panade dabei nicht zu stark andrücken.

5 Das Öl in einer Pfanne erhitzen und die panierten Hähnchenstücke darin bei mittlerer Hitze rundum goldbraun ausbacken. Die Butter in einer zweiten Pfanne zerlassen, die restliche Zitronenschale, 2 TL Zitronensaft und etwas Salz und Pfeffer dazugeben. Die gebackenen Hähnchenstücke in der Butter wenden. Etwas Feldsalat mit Speck für die Dekoration beiseitelegen, den Rest unter den Kartoffelsalat mischen.

6 Den Kartoffel-Vogerl-Salat auf vorgewärmte Teller verteilen. Die Backhendlstücke darauf anrichten und die Remoulade um den Salat herum verteilen. Den Salat mit dem restlichen Feldsalat und Speck garnieren.

Wintersalat
mit Kaninchenrückenfilets und Pfifferlingen
von Horst Lichter

Zutaten für 4 Personen

Für den Salat:

150 g gemischte Blattsalate
(z.B. Feldsalat, Lollo rosso,
Blattsalatherzen, Radicchio)
½ Bund gemischte Kräuter
(z.B. Petersilie, Schnittlauch,
Estragon)
1 Frühlingszwiebel
2 EL Himbeeressig
3 EL Walnussöl
Salz · Pfeffer aus der Mühle

Für die Pfifferlinge:

200 g Pfifferlinge
1 Schalotte · 1 EL Butter
Salz · Pfeffer aus der Mühle

Für die Kaninchenfilets:

4 Kaninchenrückenfilets (à 80 g)
Salz · Pfeffer aus der Mühle
2 EL Mehl
je 1 Zweig Rosmarin und
Thymian
1 EL Butterschmalz

Außerdem:

4 frische Feigen

1 Für den Salat die Blattsalate putzen, waschen und trocken schleudern, größere Blätter in mundgerechte Stücke zupfen. Die Kräuter waschen und trocken schütteln, die Blätter abzupfen und fein hacken. Die Frühlingszwiebel putzen, waschen und in feine Ringe schneiden. Den Essig, das Öl und nach Belieben 1 TL Johannisbeergelee verrühren und die Frühlingszwiebel mit den Kräutern untermischen. Die Vinaigrette mit Salz und Pfeffer würzen.

2 Für die Pfifferlinge die Pilze putzen und, falls nötig, mit Küchenpapier trocken abreiben. Die Schalotte schälen und in feine Würfel schneiden. Die Butter in einer Pfanne erhitzen und die Pilze mit der Schalotte darin anbraten. Mit Salz und Pfeffer würzen und warm stellen.

3 Die Kaninchenrückenfilets mit Salz und Pfeffer würzen und im Mehl wenden. Den Rosmarin und den Thymian waschen und trocken tupfen. Das Butterschmalz in einer Pfanne erhitzen, die Filets darin rundum anbraten und die Kräuterzweige dazugeben. Die Filets bei mittlerer Hitze etwa 3 Minuten garen. Herausnehmen, in Alufolie wickeln und kurz ruhen lassen.

4 Von den Feigen die Schale abziehen und die Früchte in Scheiben schneiden. Den Blattsalat mit der Vinaigrette mischen und mit den Feigenscheiben und den Pfifferlingen auf Teller verteilen. Die Kaninchenfilets schräg in Scheiben schneiden und auf dem Salat anrichten.

Markus Lanz

» Als Horst Lichter seine Mutter nach zwei besonders gelungenen Rezepten für Schweinebraten und Rinderfilet aus seiner Kindheit fragte, gestand sie ihm: ›Junge, das war alles nur Kaninchen ...‹ Wir müssen ihr für diesen kleinen Beschiss dankbar sein: Horst ist bis heute der Meister des Kaninchenbratens. «

Vitello tonnato
mit mediterranem Gemüse

von Alfons Schuhbeck

Zutaten für 4 Personen

Für den Kalbsrücken:

500 g Kalbsrücken
(küchenfertig) · 1 EL Öl
Salz · Pfeffer aus der Mühle

Für das Gemüse:

1 Aubergine · 1 Fenchelknolle
je 1 gelber und grüner Zucchino
je 1 gelbe und rote Paprikaschote
1 Zwiebel
4 EL mildes Olivenöl
100 g eingelegte Steinpilze
(aus dem Glas)
2 EL Zitronensaft
Salz · Pfeffer aus der Mühle
milde Chiliflocken · Zucker

Für die Sauce:

150 g Thunfisch (in Öl)
4 Sardellenfilets (in Öl)
1 EL kleine Kapern
40 ml Gemüsebrühe
100 g Crème fraîche
2 EL mildes Olivenöl
Saft und abgeriebene Schale
von 1 unbehandelten Zitrone
Salz · Pfeffer aus der Mühle
milde Chiliflocken
Zucker

Außerdem:

1 Granatapfel
je 20 g Pistazien und Walnusskerne

1 Für den Kalbsrücken den Backofen auf 100 °C vorheizen. Ein Ofengitter auf die mittlere Schiene und darunter ein Abtropfblech schieben. Das Öl in einer Pfanne erhitzen und den Kalbsrücken darin rundum anbraten. Das Fleisch aus der Pfanne nehmen und auf dem Gitter im Ofen etwa 1 1/2 Stunden rosa garen. Dann herausnehmen und abkühlen lassen.

2 Inzwischen für das Gemüse die Aubergine putzen, waschen, längs vierteln und in 1/2 cm dicke Stücke schneiden. Den Fenchel putzen, waschen und in 3 bis 5 mm dicke Scheiben schneiden. Die Zucchini putzen, waschen, längs halbieren und schräg in 1/2 cm dicke Scheiben schneiden. Die Paprika-schoten längs halbieren, entkernen, waschen und in 2 cm große Stücke schneiden. Die Zwiebel schälen, halbieren und in 1/2 cm dünne Scheiben schneiden.

3 Die Hälfte des Olivenöls in einer Pfanne erhitzen, das Gemüse sorten-weise darin anbraten und in eine Schüssel geben. Die Steinpilze abtropfen lassen und, falls nötig, längs halbieren. Die Pilze mit dem Zitronensaft und dem restlichen Olivenöl unter das Gemüse mischen. Mit Salz, Pfeffer, Chili-flocken und 1 Prise Zucker würzen.

4 Für die Sauce den Thunfisch und die Sardellen abtropfen lassen und mit Kapern, Brühe, Crème fraîche, Olivenöl und 1 EL Zitronensaft in einen hohen Rührbecher geben. Alles mit dem Stabmixer zu einer sämigen Sauce pürieren und mit Salz, Pfeffer, Chiliflocken, 1 Prise Zucker und 1 Msp. Zitronenschale abschmecken. Den Granatapfel halbieren und die Kerne aus den Trennhäu-ten lösen. Die Pistazien und die Walnüsse hacken.

5 Den Kalbsrücken mit einem scharfen Messer oder der Aufschnittmaschi-ne hauchdünn aufschneiden. Die Fleischscheiben etwas überlappend kreis-förmig auf Teller verteilen und leicht mit Salz und Pfeffer würzen. In die Mitte reichlich Thunfischsauce geben. Das Gemüse entweder auf den Tellern anrichten oder separat dazu reichen. Das Vitello tonnato mit Granatapfel-kernen, Pistazien oder Walnüssen bestreut servieren.

Sushi Rolls
mit Rinderfilet

von Steffen Henssler

Zutaten für 4 Personen

Für die Teriyaki-Sauce:

1/8 l Mirin (japan. Reiswein)
1/4 l Geflügelfond
1/4 l Sojasauce
125 g Zucker
1 EL Speisestärke

Für die Sushi Rolls:

300 g Salatgurke
1/2 Avocado
4 Frühlingszwiebeln
200 g Rinderfilet
50 g Tempura-Mehl
1 l Öl zum Frittieren
50 g Mehl
2 Noriblätter
360 g Sushireis (gegart, siehe S.26)
1/2 TL Wasabipaste
3 EL Öl
1 TL japan. Chilipfeffer
1 EL dunkle Sesamsamen

1 Für die Teriyaki-Sauce in einem Topf den Mirin etwa 15 Sekunden stark kochen lassen. Den Fond, die Sojasauce und 1/4 l Wasser dazugeben. Den Zucker hinzufügen und so lange rühren, bis er vollständig aufgelöst ist. Die Sauce 2 Minuten köcheln lassen. Die Speisestärke mit wenig kaltem Wasser glatt rühren, unter die Teriyaki-Sauce mischen und kurz aufkochen lassen, bis sie leicht bindet.

2 Für die Sushi Rolls die Gurke waschen, längs halbieren, entkernen und längs in dünne Streifen schneiden. Die Avocado schälen und den Stein entfernen, das Fruchtfleisch in schmale Streifen schneiden. Die Frühlingszwiebeln putzen, waschen und das Grün so weit kürzen, dass die Zwiebeln gerade auf ein Noriblatt passen. Das Rinderfilet in sehr kleine Würfel schneiden.

3 In einem Schälchen das Tempura-Mehl mit 50 ml Eiswasser glatt rühren. In einem weiten Topf das Öl zum Frittieren auf etwa 170 °C erhitzen – es ist heiß genug, wenn sich an einem hineingehaltenen Holzlöffelstiel kleine Blasen bilden. Die Frühlingszwiebeln zuerst im Mehl wenden, dann durch den Tempura-Teig ziehen, etwas abtropfen lassen und im heißen Öl goldbraun ausbacken. Herausheben und auf Küchenpapier abtropfen lassen.

4 Die Noriblätter halbieren. Den Reis mit angefeuchteten Händen dünn auf den Noriblättern verteilen und andrücken. Den Reis mit Frischhaltefolie belegen und die Noriblätter umdrehen (die mit Frischhaltefolie bedeckte Reisseite liegt jetzt auf der Arbeitsfläche). Die Noriblätter dünn mit Wasabi bestreichen und in die Mitte je 1 Frühlingszwiebel und auf 2 Blätter Gurkenstreifen, auf die anderen beiden Blätter Avocadostreifen legen. Das Fleisch mit in die Rollen geben. Die Noriblätter mithilfe der Frischhaltefolie von den Längsseiten her aufrollen und leicht andrücken.

5 Etwa 100 ml Teriyaki-Sauce erhitzen und mit dem Chilipfeffer verrühren. Die Sushi-Stücke mit der Sauce beträufeln und mit den Sesamsamen bestreuen.

Lachsvariation
mit Blini, Sauerrahm und Kaviar

von Nelson Müller

Zutaten für 4 Personen

Für die Blini:

2 Eier
250 g Buchweizenmehl
Zucker · Salz
1/2 Würfel Hefe (21 g)
ca. 1/8 l Milch
4 EL Öl

Für den Limetten-Sauerrahm:

100 g saure Sahne
Saft von 1 Limette
1 EL Puderzucker
Salz · Pfeffer aus der Mühle

Für die Lachsvariation:

500 g Lachsfilet
Saft von 1 Limette
1 TL Senf
1 TL Weinbrand
Salz · Pfeffer aus der Mühle
4 Salbeiblätter
4 Scheiben Serrano-Schinken
(sehr dünn geschnitten)
2 EL Öl
4 TL Kaviar
12 dünne Scheiben Räucherlachs (ca. 300 g)

1 Für die Blini die Eier trennen. Das Mehl, je 1 Prise Zucker und Salz mit der zerbröckelten Hefe, den Eigelben und etwas warmem Wasser verrühren. Die Milch lauwarm erhitzen und löffelweise unter den Bliniteig rühren, bis er die Konsistenz eines dickflüssigen Pfannkuchenteigs hat. Den Teig zugedeckt an einem warmen Ort etwa 30 Minuten gehen lassen.

2 Für den Limetten-Sauerrahm die saure Sahne, den Limettensaft und den Puderzucker verrühren und mit Salz und Pfeffer würzen.

3 Für die Lachsvariation den Backofen auf 150 °C vorheizen. Das Lachsfilet waschen, trocken tupfen und halbieren. Eine Lachshälfte in kleine Würfel schneiden und zu einem feinen Tatar hacken. Das Lachtatar mit ein paar Spritzern Limettensaft, dem Senf, dem Weinbrand, Salz und Pfeffer würzen und kühl stellen. Die restliche Lachshälfte in 4 Stücke schneiden. Die Salbeiblätter waschen und trocken tupfen. Jedes Lachsstück mit 1 Salbeiblatt belegen und mit 1 Schinkenscheibe umwickeln. Das Öl in einer ofenfesten Pfanne erhitzen und die Lachspäckchen darin rundum anbraten. Dann im Ofen auf der mittleren Schiene 6 Minuten gar ziehen lassen.

4 Die Eiweiße zu steifem Schnee schlagen. Den Eischnee vorsichtig unter den Bliniteig heben. Das Öl portionsweise in einer beschichteten Pfanne erhitzen und jeweils kleine Teigmengen darin zu goldbraunen Blini ausbacken.

5 Mit einem Vorspeisenring jeweils ein Viertel des Lachstatars auf Tellern anrichten und mit etwas Limetten-Sauerrahm und Kaviar garnieren. Daneben jeweils 1 Blini mit 1 Lachspäckchen setzen und auf jedem Teller 3 Räucherlachsscheiben zu einer Rose zusammenlegen. Die übrigen Blini anderweitig verwenden.

Markus Lanz
» Aufwendig, aber sehr kreativ und vor allem: lecker! «

Rievkooche
met Äppeln und Räucherlachs

von Mario Kotaska

Zutaten für 4 Personen

Für die Äppel:

4 rotschalige Äpfel
2 Zweige Rosmarin
1 Bund Basilikum
50 g Zucker
150 ml Apfelsaft

Für den Dip:

½ Bund Schnittlauch
100 g Crème fraîche
Saft von ½ Zitrone

Für die Rievkooche:

8 große mehligkochende
Kartoffeln
Salz
2 Eier
4 EL Haferflocken
100 ml Öl

Außerdem:

100 g Blattsalat
4 EL Olivenöl
1 EL Aceto balsamico
Salz · Pfeffer aus der Mühle
150 g Räucherlachs
(in Scheiben)

1 Für die Äppel die Äpfel waschen, vierteln, die Kerngehäuse entfernen und die Viertel in kleine Stücke schneiden. Den Rosmarin und das Basilikum waschen und trocken schütteln. Den Zucker in einer Pfanne goldgelb karamellisieren und mit dem Apfelsaft ablöschen. Den Rosmarin und die Äpfel hinzufügen und köcheln lassen, bis die Flüssigkeit fast eingekocht ist.

2 Für den Dip den Schnittlauch waschen, trocken schütteln und in feine Röllchen schneiden. Die Crème fraîche mit den Schnittlauchröllchen und dem Zitronensaft verrühren.

3 Für die Rievkooche die Kartoffeln schälen und mit einer groben Reibe in eine Schüssel reiben, mit Salz würzen und etwa 10 Minuten ziehen lassen.

4 Inzwischen den Salat putzen, waschen, trocken schleudern und in mundgerechte Stücke zupfen. Das Olivenöl, den Essig, Salz und Pfeffer zu einer Vinaigrette verrühren.

5 Die Kartoffeln gut ausdrücken, dabei die Flüssigkeit in einer Schüssel auffangen und kurz stehen lassen, bis sich die Stärke am Boden absetzt. Die Flüssigkeit mit einem Ruck abgießen, so dass die Stärke am Schüsselboden verbleibt. Die Stärke, die Eier und die Haferflocken zu den Kartoffeln geben und alles gut vermischen.

6 Das Öl portionsweise in einer Pfanne erhitzen und aus der Kartoffelmasse nach und nach handtellergroße Reibekuchen von beiden Seiten goldgelb ausbacken. Die Rievkooche auf Küchenpapier abtropfen lassen.

7 Die Basilikumblätter von den Stielen zupfen, in feine Streifen schneiden und unter die Äpfel mischen. Den Blattsalat mit der Vinaigrette mischen. Die Rievkooche auf die Teller verteilen und die Äppel, den Räucherlachs und den Dip daneben anrichten. Den Salat separat dazu servieren.

Markus Lanz

» Rievkooche met Äppeln: Klingt wie eine holländische Halsentzündung, tatsächlich aber handelt es sich um eine rheinische Köstlichkeit, nämlich Reibekuchen mit Äpfeln. Wenn sich Mario Kotaska an Klassiker heranmacht, sollte man immer hellhörig werden: Kaum einer macht das so gut wie er! «

Pizza Margherita
ganz klassisch

von Kolja Kleeberg

Zutaten für 4 Personen

Für den Teig:
½ Würfel Hefe (21 g)
Zucker
250 g doppelgriffiges Mehl
(z.B. Spätzlemehl)
½ TL Salz
2 EL Olivenöl

Für den Belag:
1 Zwiebel
1 Knoblauchzehe
4 EL Olivenöl
400 g Tomaten (aus der Dose)
1 TL getrockneter Oregano
1 TL Zucker
Salz
200 g Büffelmozzarella
1 Bund Basilikum
Pfeffer aus der Mühle

Außerdem:
Olivenöl für die Form
Mehl für die Arbeitsfläche

Markus Lanz

» Auch schon mal beim Pizzaservice bestellt und festgestellt, dass es egal ist, ob Sie die Pizza oder den Karton essen? Kann bei dieser feinen Margherita von Kolja Kleeberg nicht passieren! Wer einmal erlebt hat, wie schnell und einfach es ist, eine richtig gute Pizza zu machen, ruft nirgendwo mehr an. «

1 Für den Teig die Hefe mit 1 Prise Zucker und 2 EL lauwarmem Wasser glatt rühren. 2 EL Mehl untermischen. Das restliche Mehl in eine Schüssel geben und in die Mitte eine Mulde drücken. Die Hefemischung hineingeben, leicht mit Mehl bestäuben und den Vorteig zugedeckt an einem warmen Ort etwa 30 Minuten gehen lassen.

2 Dann das Salz und das Olivenöl zum Vorteig geben und alles nach und nach mit ⅛ l lauwarmem Wasser zu einem glatten Teig verkneten. Den Teig auf der bemehlten Arbeitsfläche kräftig durchkneten und wieder in die Schüssel legen. Mit einem Tuch bedeckt 1 Stunde gehen lassen, bis sich das Volumen des Teigs verdoppelt hat.

3 Inzwischen für den Belag die Zwiebel und den Knoblauch schälen und in feine Würfel schneiden. In einem Topf 2 EL Olivenöl erhitzen und die Zwiebel darin andünsten. Den Knoblauch mit den Tomaten, dem Oregano, dem Zucker und 1 Prise Salz zu den Zwiebeln geben. Die Tomaten etwas zerdrücken und die Sauce bei mittlerer Hitze 15 bis 20 Minuten köcheln lassen.

4 Den Backofen auf 225 °C Umluft vorheizen. Eine Pizzaform (30 cm Durchmesser) mit Olivenöl einfetten. Den Teig auf der bemehlten Arbeitsfläche kräftig durchkneten, die Hälfte davon in die Form legen und mit den Händen flach drücken.

5 Den Teigfladen mit der Hälfte der Tomatensauce bestreichen. Die Pizza im Ofen auf der untersten Schiene backen. Die Hälfte des Mozzarellas in Stücke zupfen und nach 8 bis 10 Minuten Backzeit auf der Pizza verteilen. Die Pizza weitere 5 Minuten backen.

6 Das Basilikum waschen, trocken schütteln und die Blätter abzupfen. Die Basilikumblätter mit dem restlichen Olivenöl, Salz und Pfeffer im Mörser zerreiben. Die Pizza aus dem Ofen nehmen und in Stücke schneiden. Mit der Hälfte des Basilikumöls beträufeln und die Pizza sofort servieren. Aus den übrigen Zutaten eine zweite Pizza backen.

Ricotta-Spinat-Knödel
mit Parmesansauce und Bündnerfleisch

von Cornelia Poletto

Zutaten für 4 Personen

Für die Knödel:

500 g Blattspinat

1 Schalotte

1 Knoblauchzehe

1 EL Butter · Meersalz

Pfeffer aus der Mühle

frisch geriebene Muskatnuss

50 g Toastbrot (ohne Rinde)

200 g Ricotta

2 EL geriebener Parmesan

1 Ei · 1 Eigelb

Für die Sauce:

1 Schalotte

1 Knoblauchzehe

1 EL Butter

je 1 Zweig Rosmarin, Thymian und Salbei

1 Lorbeerblatt

½ TL weiße Pfefferkörner

je 30 ml Weißwein und Noilly Prat (franz. Wermut)

200 ml Geflügelfond

150 g Sahne

6 EL geriebener Parmesan

Meersalz · Pfeffer aus der Mühle

Außerdem:

4–8 Scheiben Bündnerfleisch

1 Für die Knödel den Spinat verlesen, waschen und trocken schleudern. Die Schalotte und den Knoblauch schälen und in feine Würfel schneiden. Die Butter in einer Pfanne erhitzen und die Schalotte und den Knoblauch darin andünsten. Den Spinat dazugeben, zugedeckt zusammenfallen lassen und mit Meersalz, Pfeffer und 1 Prise Muskatnuss würzen. Den Spinat auf einem Sieb abtropfen lassen.

2 Das Toastbrot in Stücke zupfen und im Blitzhacker fein zerkleinern. Den Ricotta mit den Brotbröseln, Parmesan, Ei und Eigelb vermischen. Die Masse mit Meersalz, Pfeffer und Muskatnuss würzen und kühl stellen.

3 Für die Sauce die Schalotte und den Knoblauch schälen und in feine Würfel schneiden. Die Butter in einer Pfanne zerlassen und die Schalotten und den Knoblauch darin andünsten. Die Kräuter waschen und trocken schütteln, mit dem Lorbeerblatt und den Pfefferkörnern in die Pfanne geben und einige Minuten mitdünsten. Mit Wein und Noilly Prat ablöschen und die Flüssigkeit fast vollständig einköcheln lassen. Den Fond dazugießen und etwa 5 Minuten offen köcheln lassen. 100 g Sahne hinzufügen und weitere 5 Minuten köcheln lassen. Die Sauce durch ein feines Sieb passieren und wieder in den Topf geben. Den Parmesan unterrühren und schmelzen lassen. Die Sauce mit Salz und Pfeffer würzen.

4 In einem großen Topf reichlich Salzwasser zum Kochen bringen. Den abgetropften Spinat gut ausdrücken, fein hacken und unter die Ricottamasse mischen. Mit Salz und Pfeffer abschmecken. Aus der Masse mit zwei angefeuchteten Esslöffeln Nocken abstechen, in das kochende Salzwasser geben und bei schwacher Hitze etwa 10 Minuten gar ziehen lassen. Die Nocken mit dem Schaumlöffel herausheben und abtropfen lassen.

5 Die restliche Sahne steif schlagen. Die Parmesansauce noch einmal erhitzen, mit dem Stabmixer aufschäumen und dabei nach und nach die geschlagene Sahne unterrühren. Das Bündnerfleisch in Streifen schneiden.

6 Die Ricotta-Spinat-Knödel mit der Parmesansauce auf tiefe Teller verteilen und mit den Bündnerfleischstreifen garnieren.

Kleine Gerichte & Snacks

Von Alfons Schuhbeck weiß ich, dass er auf Reisen in Restaurants am liebsten nur Vorspeisen bestellt. »Fleisch kann jeder«, sagt er gerne, »die wahre Qualität eines Kochs zeigt sich beim ersten Gang.« Ich ahne, was er damit meint. Denn die Frage, was ein Koch aus einem Salat, einem Teller Nudeln oder ein paar Pilzen macht, ist keine Frage des Geldbeutels, sondern eine Frage der Kreativität. Und die zeigt sich ganz besonders im ersten Teil der Speisekarte. Also, leben Sie sich aus!

Maronen-Cappuccino

mit »etwas« schwarzem Trüffel

von Alexander Herrmann

Zutaten für 4 Personen

½ Zwiebel

4 Zweige Thymian

1 EL Butterschmalz

60 ml weißer Portwein

200 g Maronen (gegart)

800 ml Gemüsebrühe

100 g Entenfleisch

(ohne Haut, z.B. Brustfilet)

400 g Sahne

40 ml Trüffelsaft (aus der Dose)

½ l Milch

Salz · Pfeffer aus der Mühle

abgeriebene Schale von

½ unbehandelten Orange

Zimtpulver

1 Birne

1 Eiweiß

30–50 g schwarzer Trüffel

(eingelegt)

30 ml roter Portwein

2 Scheiben Tramezzini-Brot

2 EL Butter

1 Die Zwiebel schälen und in feine Würfel schneiden. Den Thymian waschen und trocken schütteln. Das Butterschmalz in einer Pfanne erhitzen und die Zwiebel darin andünsten. Mit dem Portwein ablöschen, die Maronen und die Brühe hinzufügen. Die Flüssigkeit einige Minuten köcheln lassen.

2 Das Entenfleisch waschen, trocken tupfen und in kleine Stücke schneiden. Mit 100 g Sahne mischen und im Tiefkühlfach kurz anfrieren lassen.

3 Die restliche Sahne, den Trüffelsaft und 1 guten Schuss Milch zu den Maronen geben. Die Maronensuppe mit dem Stabmixer fein pürieren und mit Salz und Pfeffer würzen. Die restliche Milch aufkochen lassen, die Orangenschale, den Thymian und 1 Prise Zimtpulver dazugeben und die Milch auf der ausgeschalteten Herdplatte ziehen lassen.

4 Die Birne vierteln, schälen, das Kerngehäuse entfernen und die Viertel in sehr kleine Würfel schneiden. Das eiskalte Fleisch und die Sahne mit dem Eiweiß im Blitzhacker oder im Küchenmixer zu einer geschmeidigen Farce pürieren. Ein Drittel der Trüffel in Scheiben abhobeln und beiseitelegen. Die Birne, den roten Portwein und die restliche Trüffel unter die Farce mixen und mit Salz und Pfeffer würzen. Die Entenfarce auf die Brotscheiben streichen, die bestrichenen Seiten aufeinanderlegen und die Tramezzini diagonal halbieren. Die Butter in einer Pfanne erhitzen und die Brote darin auf beiden Seiten kross braten.

5 Den Thymianzweig entfernen und die Milch mit dem Stabmixer aufschäumen. Die Maronensuppe auf Gläser verteilen, jeweils ein Milchschaumhäubchen daraufsetzen und mit den Trüffelscheiben garnieren. Die Maronen-Cappuccini mit den Enten-Crostini servieren.

Markus Lanz

» Einfach nur perfekt: perfekt gegart, perfekt abgestimmt, perfekt serviert. Ein Gaumenfest! Einziger Wermutstropfen: Wer so glänzen will, muss fleißig sein. Und geschickt. «

Rote-Bete-Süppchen
mit Zander, Kartoffeln und Speck

von Mario Kotaska

Zutaten für 4 Personen

Für das Süppchen:

4 Schalotten

800 g Rote Beten

(vorgegart und vakuumiert)

4 EL Walnussöl

2 EL Himbeeressig

800 ml Geflügelfond

Salz · Pfeffer aus der Mühle

Für den Zander:

2 mehligkochende Kartoffeln

Salz · 1 Ei

1 Zanderfilet

(ca. 350 g; ohne Haut)

3 Knoblauchzehen

4 Zweige Thymian

½ TL Korianderkörner

Pfeffer aus der Mühle

2 EL Mehl

3 EL Olivenöl

1 EL Butter

Außerdem:

120 g Frühstücksspeck

(in Scheiben)

1 Bund Schnittlauch

50 g Crème fraîche

Salz · Pfeffer aus der Mühle

1 TL Zitronensaft

2 EL Schwarzkümmelöl

1 Für das Süppchen die Schalotten schälen und in feine Würfel schneiden. Die Roten Beten in Scheiben schneiden (dabei am besten Einweghandschuhe tragen). Das Öl in einem Topf erhitzen und die Schalotten mit den Roten Beten darin andünsten. Mit dem Essig ablöschen, den Fond angießen und die Roten Beten 15 Minuten köcheln lassen. Mit Salz und Pfeffer würzen und die Roten Beten mit dem Stabmixer fein pürieren. Die Suppe durch ein feines Sieb passieren und warm stellen.

2 Für den Zander die Kartoffeln schälen, waschen und mit einer feinen Reibe in eine Schüssel reiben, mit Salz würzen und etwa 10 Minuten ziehen lassen. Dann die Kartoffeln gut ausdrücken, dabei die Flüssigkeit in einer Schüssel auffangen und kurz stehen lassen, bis sich die Stärke am Boden absetzt. Die Flüssigkeit mit einem Ruck abgießen, sodass die Stärke am Schüsselboden verbleibt. Die Stärke zu den Kartoffeln geben und mit dem Ei vermischen. Den Backofen auf 190 °C vorheizen.

3 Das Zanderfilet waschen, trocken tupfen und in 4 Stücke schneiden. Den Knoblauch schälen und in Scheiben schneiden. Den Thymian waschen und trocken schütteln. Den Koriander in einer Pfanne ohne Fett rösten, bis er anfängt zu duften. Die Korianderkörner im Mörser fein zerstoßen. Den Fisch mit Koriander, Salz und Pfeffer würzen. Das Mehl auf einem Teller verteilen und die Fischstücke darin leicht wenden. Die Kartoffelmasse auf der Hautseite verteilen. Das Olivenöl in einer Pfanne erhitzen und die Zanderstücke auf der Kartoffelseite bei mittlerer Hitze etwa 7 Minuten goldbraun braten. Die Butter, den Knoblauch und den Thymian dazugeben, die Zanderfilets wenden und 2 bis 3 Minuten fertig braten.

4 Den Frühstücksspeck auf einer Backmatte auslegen und eine zweite Backmatte darauflegen (ersatzweise den Frühstücksspeck zwischen zwei Lagen Backpapier legen und mit einer ofenfesten Form beschweren). Den Speck im Ofen auf der mittleren Schiene etwa 10 Minuten knusprig backen. Den Schnittlauch waschen, trocken schütteln und in feine Röllchen schneiden. Die Crème fraîche mit Salz, Pfeffer und dem Zitronensaft würzen und den Schnittlauch unterrühren.

5 Die Zanderstücke in tiefe Teller oder Schälchen legen und das Rote-Bete-Süppchen rundum angießen. Jeweils 1 Klecks Crème fraîche daraufträufeln und die Speck-Chips hineinstecken. Die Suppe mit dem Schwarzkümmelöl beträufeln.

Kartoffelpizza
mit Bacon

von Steffen Henssler

Zutaten für 4 Personen

4 Scheiben Blätterteig
(à 75 g; tiefgekühlt)
350 g festkochende Kartoffeln
2 Schalotten
2 Knoblauchzehen
2 Zweige Rosmarin
3 EL Olivenöl
Salz · Pfeffer aus der Mühle
5 dünne Scheiben Bacon
1 Bund Schnittlauch
3 EL Sauerrahm

Markus Lanz

» Unter den Zuschauern unserer Sendung waren auch viele italienische Pizzabäcker. Wer sich traut, unter deren kritischem Blick öffentlich Kartoffelpizza zu machen, ist bekloppt. Oder richtig gut. Steffen Henssler ist so gut, dass selbst neapolitanische Pizzabäcker ohne zu zögern in diese Pizza beißen würden. «

1 Den Blätterteig auf der Arbeitsfläche auslegen und auftauen lassen.

2 Den Backofen auf 225 °C vorheizen. Die Teigplatten überlappend nebeneinander legen und zu einem Rechteck von etwa 30 x 40 cm ausrollen. Den Teig auf ein mit Backpapier belegtes Blech legen und mit einer Gabel mehrmals einstechen.

3 Die Kartoffeln schälen, waschen und in hauchdünne Scheiben hobeln. Die Schalotten schälen, halbieren und in dünne Streifen schneiden. Den Knoblauch schälen und in dünne Scheiben schneiden. Den Rosmarin waschen und trocken tupfen, die Blättchen abzupfen und hacken. Die Kartoffeln, die Schalotten, den Knoblauch und den Rosmarin in einer Schüssel mit dem Olivenöl mischen und mit Salz und Pfeffer würzen. Die Kartoffelmischung auf dem Teig verteilen, dabei einen 1 cm breiten Rand frei lassen.

4 Die Pizza im Ofen auf der mittleren Schiene 12 bis 15 Minuten backen. Inzwischen den Bacon in Streifen schneiden. Den Schnittlauch waschen und trocken schütteln, die Halme in feine Röllchen schneiden. Den Sauerrahm glatt rühren und mit Salz und Pfeffer würzen.

5 Die Kartoffelpizza aus dem Ofen nehmen, mit dem Bacon und den Schnittlauchröllchen bestreuen und mit dem Sauerrahm beträufeln. Die Pizza noch heiß in Stücke schneiden und sofort servieren.

Selbst gemachtes Pita-Brot
mit Kichererbsendip und arabischer Sauce

von Chakall

Zutaten für 4 Personen

Für das Pita-Brot:

1 Rote Bete (ca. 100 g)

Salz

5 EL Essig

250 g Mehl

1 TL Zucker

2 ½ g Hefe

1 EL Olivenöl

Für den Kichererbsendip:

100 g Champignons

1 Knoblauchzehe

1 kleine Dose Kichererbsen
(240 g Abtropfgewicht)

Saft von 1 Zitrone

2 EL Olivenöl

1 TL gemahlener Kreuzkümmel

Salz · Pfeffer aus der Mühle

1 Granatapfel

Für die arabische Sauce:

1 Knoblauchzehe

170 g griechischer Joghurt

1 EL Sesampaste (Tahin; aus
dem Glas)

1 Für das Pita-Brot in einem Topf Wasser zum Kochen bringen. Die Rote Bete waschen und mit etwas Salz und dem Essig im kochenden Wasser etwa 30 Minuten garen. Die Rote Bete abgießen, kalt abschrecken und schälen (dabei am besten Einweghandschuhe tragen). Die Rote Bete in grobe Stücke schneiden, etwas auskühlen lassen und durch die Kartoffelpresse drücken. Dann mit Mehl, Zucker, Hefe, Olivenöl und 1 Prise Salz zu einem glatten Teig verkneten. Den Teig in einer Schüssel zugedeckt an einem warmen Ort 30 Minuten gehen lassen.

2 Für den Kichererbsendip die Champignons putzen, falls nötig, mit Küchenpapier trocken abreiben, und vierteln. Den Knoblauch schälen und durch die Knoblauchpresse drücken. Die Kichererbsen abtropfen lassen und mit etwas Zitronensaft, Olivenöl, Kreuzkümmel, Salz und Pfeffer in einem hohen Rührbecher mit dem Stabmixer pürieren. Den Dip mit Salz, Pfeffer und Zitronensaft abschmecken. Den Granatapfel halbieren und in Spalten schneiden. Den Backofen auf 220 °C vorheizen.

3 Für die arabische Sauce den Knoblauch schälen, durch die Knoblauchpresse drücken und mit dem Joghurt und der Sesampaste gut verrühren. Nach Belieben mit Salz abschmecken.

4 Den Rote-Bete-Teig kräftig durchkneten, glatt ziehen und mit dem Rollholz etwa ½ cm dick ausrollen. Mithilfe einer runden Form (z.B. einem Glas oder einem Schälchen) Kreise mit 10 bis 15 cm Durchmesser ausstechen oder ausschneiden. Die Pita-Brote auf einem mit Backpapier belegten Backblech im Ofen auf der mittleren Schiene 2 bis 3 Minuten backen.

5 Den Kichererbsendip mit den Granatapfelspalten dekorieren und mit den Pita-Broten und der arabischen Sauce servieren.

Offener Steinpilzstrudel
mit Kopfsalat

von Alfons Schuhbeck

Zutaten für 4 Personen

Für den Strudel:

1/4 Bund Petersilie

200 g Steinpilze

3 EL braune Butter

(siehe S. 103, Schritt 3)

gemahlener Kümmel

1 Msp. abgeriebene unbehandelte Zitronenschale

Salz · Pfeffer aus der Mühle

6 EL roter Portwein

40 g Toastbrot (ohne Rinde)

300 g Kalbsbrät

3 EL kalte Sahne

1/2 TL scharfer Senf

1 Msp. getrockneter Majoran

frisch geriebene Muskatnuss

mildes Chilipulver

Butter für die Form

8 Strudelteigblätter

(à ca. 16 x 16 cm)

Für den Kopfsalat:

2 Eier

2 Kopfsalatherzen

8 Radieschen

80 ml Gemüsebrühe

2 EL Weißweinessig

2 EL Olivenöl

50 g saure Sahne

Zucker

Salz · Pfeffer aus der Mühle

1 Für den Strudel den Backofen auf 180 °C vorheizen. Die Petersilie waschen und trocken schütteln, die Blätter abzupfen und fein hacken. Die Steinpilze putzen und, falls nötig, mit Küchenpapier trocken abreiben. Die Pilze in 1/2 bis 1 cm große Würfel schneiden. In einer Pfanne 1 EL braune Butter erhitzen und die Pilze darin bei mittlerer Hitze rundum 1 bis 2 Minuten anbraten. Die Petersilie hinzufügen und die Pilze mit 1 Prise Kümmel, Zitronenschale, Salz und Pfeffer würzen und auskühlen lassen.

2 Den Portwein in einem kleinen Topf auf 1 bis 2 EL einköcheln lassen. Das Toastbrot in sehr kleine Würfel schneiden. Das Kalbsbrät mit der Sahne, Senf, Majoran und der Portweinreduktion verrühren. Die Steinpilze und die Brotwürfel untermischen und mit Muskatnuss, Chilipulver, Salz und Pfeffer abschmecken.

3 Ein Backblech mit Backpapier belegen und vier Edelstahlringe (etwa 8 cm Durchmesser) daraufsetzen. Die Ringe mit Butter einpinseln. Ein Strudelteigblatt auf die Arbeitsfläche legen und mit etwas brauner Butter bestreichen. Um 45 Grad gedreht ein zweites Teigblatt darauflegen und ebenfalls mit brauner Butter bestreichen. Mit den übrigen Teigblättern und Ringen ebenso verfahren. Die Ringe mit den Teigblättern auslegen, die Enden dabei überstehen lassen. Die Steinpilzfarce mithilfe eines Dressierbeutels ohne Lochtülle in den mit Strudelteig ausgelegten Ringen verteilen und die Strudel im Ofen auf der mittleren Schiene etwa 15 Minuten backen.

4 Inzwischen für den Salat die Eier in kochendem Wasser 10 Minuten hart kochen, kalt abschrecken, pellen und vierteln. Die Salatherzen putzen, waschen und trocken schleudern. Die Radieschen putzen, waschen und in dünne Scheiben schneiden. Die Brühe mit dem Essig, dem Olivenöl und der sauren Sahne in einem hohen Rührbecher mit dem Stabmixer aufschlagen. Das Dressing mit 1 Prise Zucker, Salz und Pfeffer abschmecken und mit den Salatblättern mischen.

5 Die Steinpilz-Semmelstrudel aus dem Ofen nehmen und aus den Ringen lösen. Je 1 Strudel mit dem Kopfsalat auf Tellern anrichten und mit den Radieschen und den Eiern garnieren.

Kartoffelkuchen mit Matjes
und Apfel-Gurken-Schnittlauch-Creme

von Johannes King

Zutaten für 4 Personen

Für den Kartoffelkuchen:

600 g festkochende Kartoffeln
grobes Meersalz · 4 Schalotten
2 EL Butter
1 Stiel Majoran
1 Zweig Thymian
1 EL frisch geriebener
Meerrettich
weißer Pfeffer aus der Mühle
1 Knoblauchzehe
1 EL Traubenkernöl

*Für die Apfel-Gurken-
Schnittlauch-Creme:*

100 ml Milch
70 ml Öl
70 g Naturjoghurt
70 g Crème fraîche
Salz · Pfeffer aus der Mühle
Saft von ½ Zitrone
Zucker
2 Schalotten
4 kleine Cornichons
1 Apfel
1 Bund Schnittlauch

Außerdem:

4 Matjesfilets

1 Für den Kartoffelkuchen den Backofen auf 180 °C vorheizen. Die Kartoffeln gründlich waschen und in der Schale in Salzwasser weich garen. Die Kartoffeln abgießen, ausdampfen lassen, möglichst heiß pellen und grob reiben. Die Schalotten schälen und in dünne Scheiben schneiden. In einer Pfanne 1 EL Butter erhitzen, die Schalotten darin kurz andünsten und zu den Kartoffeln geben. Den Majoran und den Thymian waschen und trocken tupfen, die Blätter abzupfen und sehr fein hacken. Die Kräuter und den Meerrettich unter die Kartoffeln mischen und die Masse mit Salz und Pfeffer würzen.

2 Eine ofenfeste Pfanne mit dem halbierten Knoblauch ausreiben und die restliche Butter mit dem Öl darin erhitzen. Die Kartoffelmasse gleichmäßig in der Pfanne verteilen, festdrücken und kurz anbraten. Den Kartoffelkuchen im Ofen auf der mittleren Schiene etwa 20 Minuten goldbraun backen.

3 Für die Apfel-Gurken-Schnittlauch-Creme die Milch in einem hohen Rührbecher mit dem Stabmixer aufschlagen. Nach und nach das Öl unterschlagen und zum Schluss den Joghurt mit der Crème fraîche unterrühren. Die Creme mit Salz und Pfeffer, 1 Spritzer Zitronensaft und 1 Prise Zucker mild würzen.

4 Die Schalotten schälen, in feine Würfel schneiden und in kochendem Salzwasser 2 Minuten blanchieren. In ein Sieb abgießen, kalt abschrecken und gut abtropfen lassen. Die Cornichons abtropfen lassen und in feine Würfel schneiden. Den Apfel vierteln, schälen, das Kerngehäuse entfernen und die Viertel quer in feine Scheiben schneiden.

5 Den Schnittlauch waschen, trocken schütteln und in feine Röllchen schneiden. Die vorbereiteten Zutaten unter die Creme mischen und noch einmal mit Zitronensaft, Salz, Zucker und Pfeffer abschmecken. Den Kartoffelkuchen aus der Pfanne stürzen und vierteln.

6 Den Kartoffelkuchen auf Teller verteilen, jeweils mit 1 Matjesfilet und etwas Apfel-Gurken-Schnittlauch-Creme anrichten. Die restliche Creme separat dazu servieren.

Markus Lanz

» Johannes King ist ein Meister darin, selbst feinste Aromen aufzuspüren und herauszuarbeiten. Die Apfel-Gurken-Schnittlauch-Creme ist ein wunderbares Beispiel dafür. «

Cremiger Risotto
mit Sekt

von Lea Linster

Zutaten für 4 Personen

1 kleine Zwiebel
2 EL Olivenöl
5 EL Butter
250 g Risottoreis
Meersalz
200 ml Sekt (oder Prosecco)
600 ml heißer Geflügelfond
50 g Sahne
100 g Parmesan (am Stück)
Pfeffer aus der Mühle

1 Die Zwiebel schälen und in feine Würfel schneiden. Das Olivenöl und 2 EL Butter in einem Topf erhitzen und die Zwiebel darin andünsten. Den Reis hinzufügen, mit Meersalz würzen und unter ständigem Rühren etwa 2 Minuten dünsten.

2 Den Reis mit dem Sekt ablöschen und die Flüssigkeit fast vollständig einköcheln lassen. Mit dem Schöpflöffel so viel heißen Fond angießen, dass der Reis gerade bedeckt ist. Bei schwacher Hitze unter gelegentlichem Rühren zugedeckt köcheln lassen, bis der Reis die Flüssigkeit fast vollständig aufgenommen hat. Erneut Fond dazugießen und so weiter verfahren, bis der Reis bissfest gegart ist – das dauert etwa 20 Minuten.

3 Inzwischen die Sahne steif schlagen. Die Hälfte des Parmesans in Späne hobeln, den Rest fein reiben. Die restliche Butter, den geriebenen Parmesan und die geschlagene Sahne unter den bissfest gegarten Reis rühren und den Risotto mit Pfeffer abschmecken.

4 Den Risotto in vorgewärmte tiefe Teller verteilen und mit dem gehobelten Parmesan bestreut servieren.

Markus Lanz

» Das Geheimnis von gutem Risotto lautet: Wie ›schlotzig‹ ist er? Darüber, was ›schlotzig‹ genau bedeutet, lässt sich lange diskutieren. Ich finde, das Wort ist so schön lautmalerisch, dass man es irgendwie auf der Zunge fühlen kann, wenn ein Spitzenkoch sagt: Dieser Reis ist echt schlotzig! «

Feuriger Vulkan-Risotto
mit Riesengarnelen

von Cornelia Poletto

Zutaten für 4 Personen

Für den Tomatenfond:

2 kg Tomaten

1/8 l Gemüsebrühe

Für den Risotto:

1 Schalotte · 1 Knoblauchzehe

2 Tomaten

200 ml Geflügelfond

2 EL Olivenöl

200 g Risottoreis

Fleur de Sel · Zucker

50 ml Weißwein

1 Bund Frühlingszwiebeln

8 eingelegte getrocknete
Tomatenfilets (in Öl)

8 halb getrocknete Tomatenfilets

4 Stiele Estragon

2 Stiele Basilikum

1 EL Butter

4 EL geriebener Parmesan

Piment d'Espelette

1–2 getrocknete Chilischote(n)

Für die Riesengarnelen:

4 Riesengarnelen (mit Schale,
ohne Kopf)

1 EL Olivenöl

Fleur de Sel

Piment d'Espelette

1 Für den Tomatenfond die Tomaten waschen und vierteln, dabei die Stielansätze entfernen. Die Tomaten im Küchenmixer oder mit dem Stabmixer fein pürieren. Das Püree in einem Topf mit der Brühe mischen, aufkochen und 1 Minute ziehen lassen. Nach Belieben mit Salz und Pfeffer würzen. Die Mischung in ein mit einem Passiertuch ausgelegtes Sieb gießen und den klaren Tomatenfond etwa 2 bis 3 Stunden abtropfen lassen.

2 Für den Risotto die Schalotte und den Knoblauch schälen und in feine Würfel schneiden. Die Tomaten kreuzweise einritzen, überbrühen, häuten, vierteln und entkernen. Die Viertel in Würfel schneiden. 1/2 l klaren Tomatenfond abmessen und mit dem Geflügelfond in einem Topf aufkochen lassen.

3 Das Olivenöl in einem weiteren Topf erhitzen und die Schalotten- und Knoblauchwürfel darin andünsten. Den Reis und die Tomatenwürfel hinzufügen, ebenfalls andünsten und mit je 1 Prise Fleur de Sel und Zucker würzen. Mit dem Wein ablöschen und die Flüssigkeit fast vollständig einköcheln lassen. Mit dem Schöpflöffel so viel heißen Tomaten-Geflügel-Fond dazugeben, dass der Reis gerade bedeckt ist. Bei schwacher Hitze unter gelegentlichem Rühren köcheln lassen, bis der Reis die Flüssigkeit fast vollständig aufgenommen hat. Erneut Fond dazugießen und so weiter verfahren, bis der Reis bissfest gegart ist – das dauert etwa 20 Minuten. Die Frühlingszwiebeln putzen, waschen, schräg in Scheiben schneiden und die letzten 5 Minuten im Risotto mitgaren.

4 Die eingelegten Tomaten abtropfen lassen und mit den halb getrockneten Tomaten in Streifen schneiden. Den Estragon und das Basilikum waschen und trocken schütteln, die Blätter abzupfen und in feine Streifen schneiden. Den Risotto vom Herd nehmen und Tomaten, Kräuter, Butter und Parmesan unterrühren. Mit Fleur de Sel und Piment d'Espelette würzen. Die Chilischote(n) fein hacken und dazugeben.

5 Für die Riesengarnelen die Garnelen waschen und trocken tupfen, mit der Schale längs halbieren und den Darm entfernen. Das Olivenöl in einer Pfanne erhitzen und die Garnelen bei mittlerer Hitze auf den Schalenseiten anbraten, wenden und auf den Schnittflächen kurz goldbraun braten. Wieder auf die Schalenseiten drehen und gar ziehen lassen. Die Schnittflächen mit Fleur de Sel und Piment d'Espelette würzen.

6 Den Vulkan-Risotto auf tiefe Teller verteilen und je 1 Riesengarnele darauf anrichten.

Pustertaler Schlutzkrapfen
mit brauner Butter

von Markus Lanz

Zutaten für 4 Personen

Für den Teig:

150 g Roggenmehl (Type 1150)

100 g Weizenmehl

Salz

1 Eigelb

1 EL Öl

Für die Füllung:

150 g Kartoffeln

Salz

1 Zwiebel

1 EL Butter

½ Bund Schnittlauch

100 g Speisequark

frisch geriebene Muskatnuss

mildes Chilisalz

Pfeffer aus der Mühle

Außerdem:

Mehl für die Arbeitsfläche

4 EL braune Butter

(siehe S.103, Schritt 3)

50 g geriebener Parmesan

1 Für den Teig die beiden Mehlsorten mit 1 Prise Salz auf der Arbeitsfläche mischen. Das Eigelb mit 50 bis 60 ml lauwarmem Wasser und dem Öl verquirlen, zum Mehl geben und alles zu einem glatten Teig verkneten. Den Teig mit Frischhaltefolie bedeckt etwa 30 Minuten ruhen lassen.

2 Inzwischen für die Füllung die Kartoffeln gründlich waschen und in der Schale in leicht gesalzenem Wasser weich garen. Die Kartoffeln abgießen, ausdampfen lassen, möglichst heiß pellen und mit dem Kartoffelstampfer zerdrücken. Die Zwiebel schälen und in feine Würfel schneiden. Die Butter in einer Pfanne erhitzen und die Zwiebel darin andünsten. Den Schnittlauch waschen, trocken schütteln und in feine Röllchen schneiden. Die Kartoffeln mit dem Quark, den Zwiebeln und 2 EL Schnittlauchröllchen vermischen. Die Masse mit Muskatnuss, Chilisalz und Pfeffer würzen. Den restlichen Schnittlauch für die Dekoration beiseitelegen.

3 Den Teig mit der Nudelmaschine oder dem Nudelholz portionsweise dünn ausrollen und die Teigbahnen auf die bemehlte Arbeitsfläche legen. Dabei zügig arbeiten, damit der Teig nicht austrocknet, und die ausgerollten Teigbahnen jeweils mit Frischhaltefolie bedecken. Dann aus dem Nudelteig mit einem Ausstecher Kreise von etwa 7 cm Durchmesser ausstechen. Die Kartoffel-Quark-Füllung mit einem Teelöffel in die Mitte der Teigkreise setzen und die Ränder mit Wasser anfeuchten. Die Kreise zu Halbmonden zusammenklappen und die Ränder andrücken. Die Schlutzkrapfen in reichlich kochendem Salzwasser etwa 7 Minuten gar ziehen lassen.

4 Die braune Butter in einem kleinen Topf erhitzen. Die Schlutzkrapfen mit dem Schaumlöffel aus dem Wasser heben, abtropfen lassen und auf Teller verteilen. Die Butter darübergeben und die Schlutzkrapfen mit geriebenem Parmesan und Schnittlauchröllchen bestreuen.

Markus Lanz

» So wie Risotto schlotzig sein muss, so müssen Schlutzkrapfen schlutzig sein. Heißt: Sie müssen gut rutschen. Das Rezept hat mir Norbert Niederkofler verraten, einer der besten Köche Italiens. Und zur Sicherheit hab ich dann noch mal bei Mama angerufen. Mehr Geling-Garantie geht nicht! «

Zucchini-Agnolotti
mit Calamaretti

von Cornelia Poletto

Zutaten für 4 Personen

Für die Füllung:

250 g Ziegen-Ricotta

8 Zucchiniblüten

(mit Fruchtansatz)

5 EL Olivenöl

1 Knoblauchzehe

1 EL fein gehackte Thymianblättchen

Fleur de Sel

Pfeffer aus der Mühle

frisch geriebene Muskatnuss

1 Ei (getrennt)

50 g geriebener Parmesan

Für den Nudelteig:

75 g Mehl

125 g Hartweizengrieß

2 Eier

Salz

Für den Sud:

½ l Geflügelbrühe

125 g kalte Butter

8 halb getrocknete Tomaten

1 EL Thymianblättchen

Salz · Pfeffer aus der Mühle

Für die Calamaretti:

8 Calamaretti (küchenfertig)

2 EL Olivenöl

Fleur de Sel

Piment d'Espelette

Außerdem:

Hartweizengrieß für die
Arbeitsfläche

1 Für die Füllung ein Sieb mit einem Küchentuch auslegen und den Ricotta darin mindestens 2 Stunden abtropfen lassen.

2 Für den Nudelteig das Mehl sieben, mit dem Grieß mischen und in die Mitte eine Mulde drücken. Die Eier hineingeben und 1 Prise Salz hinzufügen. Alles mit den Händen zu einem glatten Teig verkneten, zu einer Kugel formen und in Frischhaltefolie gewickelt im Kühlschrank 1 Stunde ruhen lassen.

3 Die Zucchiniblüten putzen. Die Stempel vorsichtig aus den Blüten drehen, die Blüten von den Fruchtansätzen abschneiden und vierteln. In einer Pfanne 4 EL Olivenöl erhitzen und die Blüten darin goldbraun braten. Herausheben und auf Küchenpapier abtropfen lassen. Die Zucchini putzen und waschen, den Knoblauch schälen, beides in feine Würfel schneiden. Zucchini und Knoblauch im restlichen Olivenöl andünsten. Thymian dazugeben und mit Fleur de Sel, Pfeffer und Muskatnuss würzen. Das Ei trennen, das Eigelb mit Ricotta und Parmesan unter die Zucchini mischen. Die Füllung mit Salz und Pfeffer würzen.

4 Den Teig mit der Nudelmaschine oder dem Nudelholz portionsweise dünn ausrollen und die Teigbahnen auf die mit Grieß bestreute Arbeitsfläche legen. Die ausgerollten Teigbahnen mit Frischhaltefolie bedecken. Dann aus dem Nudelteig Kreise von 8 bis 10 cm Durchmesser ausstechen. Jeweils 1 TL Füllung in die Mitte der Teigkreise setzen und die Ränder mit dem verquirlten Eiweiß bestreichen. Die Kreise zu Halbmonden zusammenklappen und die Ränder andrücken. Die beiden Spitzen umklappen und zusammendrücken.

5 Für den Sud die Brühe in einem Topf aufkochen. Die kalte Butter in Würfel schneiden, nach und nach einrühren und die Flüssigkeit auf die Hälfte einkochen lassen. Die Tomaten in Streifen schneiden. Den Thymian und die Tomaten in den Sud geben und mit Salz und Pfeffer würzen.

6 In einem großen Topf reichlich Salzwasser zum Kochen bringen und die Agnolotti darin etwa 5 Minuten bissfest gar ziehen lassen.

7 Die Calamaretti waschen, trocken tupfen, die Tuben von den Tentakeln abschneiden und in Ringe schneiden. Das Olivenöl erhitzen und die Calamaretti-Ringe und die Tentakel darin etwa 2 Minuten braten. Mit Fleur de Sel und Piment d'Espelette würzen und auf Küchenpapier abtropfen lassen.

8 Die Agnolotti aus dem Wasser heben, abtropfen lassen und in den heißen Sud geben. Die Zucchini-Agnolotti mit Sud in tiefe Teller verteilen, die Calamaretti darauf anrichten und mit den Zucchiniblüten garniert servieren.

Pasta e fagioli

mit Venusmuscheln

von Cornelia Poletto

Zutaten für 4 Personen

Für die Bohnen:

je 2 Zweige Rosmarin und
Thymian
2 ½ junge Knoblauchzehen
250 g getrocknete Borlotti-
Bohnen
2 Schalotten
4 EL Olivenöl
800 ml Geflügelfond
ca. 100 ml Olivenöl zum
Frittieren
16 Salbeiblätter
16 Rosmarinnadeln
Salz · Pfeffer aus der Mühle

Für die Venusmuscheln:

500 g Venusmuscheln
(oder Miesmuscheln)
1 getrocknete Chilischote
2 Schalotten
2 Knoblauchzehen
1 Zweig Thymian
2 EL Olivenöl
100 ml Weißwein

Für die Pasta:

500 g kurze Röhrennudeln
(z.B. Ditali)
grobes Meersalz

1 Am Vortag für die Bohnen den Rosmarin und den Thymian waschen und trocken schütteln. Zwei Knoblauchzehen mit Schale andrücken. Die Bohnen mit Kräutern und angedrücktem Knoblauch über Nacht in Wasser einweichen. Am nächsten Tag in ein Sieb abgießen und abtropfen lassen.

2 Für die Venusmuscheln die Muscheln unter fließendem Wasser gründlich abbürsten (bei Miesmuscheln zudem den Bart entfernen). Die Chilischote hacken oder zerbröseln, mit den Muscheln in kaltes Wasser geben und die Muscheln durchwalken. Das Wasser immer wieder wechseln, bis kein Sand mehr ausgewaschen wird. Dann die Muscheln abgießen, abtropfen lassen und bereits geöffnete Exemplare aussortieren.

3 Die Schalotten und den Knoblauch schälen und in feine Würfel schneiden. Den Thymian waschen und trocken tupfen. In einem Topf 1 EL Olivenöl erhitzen, die Schalotten, den Knoblauch, die Muscheln und den Thymianzweig dazugeben, durchrühren und den Wein angießen. Die Muscheln zugedeckt etwa 5 Minuten garen, bis sie sich geöffnet haben, dabei gelegentlich umrühren. Die Muscheln in ein Sieb abgießen und geschlossene Exemplare aussortieren. Den Sud in einem Topf auffangen und leicht einköcheln lassen.

4 Für die Bohnen die Schalotten und den restlichen Knoblauch schälen und in feine Würfel schneiden. In einem Topf 1 EL Olivenöl erhitzen und die Schalotten und den Knoblauch darin andünsten. Die Bohnen und die Kräuterzweige dazugeben und kurz mitdünsten. Den Fond und das übrige Olivenöl dazugeben. Die Bohnen aufkochen lassen und bei schwacher Hitze 30 bis 45 Minuten bissfest garen. Vier große EL Bohnen abnehmen und beiseitestellen. Die restlichen Bohnen weitergaren, bis sie weich sind. Die weichen Bohnen mit dem Stabmixer pürieren und durch ein Sieb passieren.

5 Das Olivenöl zum Frittieren auf etwa 170 °C erhitzen. Die Salbeiblätter und die Rosmarinnadeln waschen, trocken tupfen und im Öl knusprig frittieren.

6 Für die Pasta die Nudeln in reichlich kochendem Salzwasser nach Packungsanweisung bissfest garen. Das Bohnenpüree in einer Pfanne erhitzen und die Muscheln mit etwas Kochsud dazugeben. Die Pasta abgießen und mit den ganzen Bohnen hinzufügen. Falls das Püree zu dick ist, etwas Muschelsud und nach Belieben etwas Olivenöl untermischen. Mit Salz und Pfeffer abschmecken. Die Pasta e fagioli mit den Venusmuscheln auf vorgewärmten Tellern anrichten und mit den frittierten Kräutern garnieren.

Tagliatelle
mit Pomodori und Kräuterseitlingen

von Sohyi Kim

Zutaten für 4 Personen

2 Zwiebeln
500 g Cocktailtomaten
4 EL alter Aceto balsamico
1 Bund Basilikum
2 Chilischoten
200 g Kräuterseitlinge
500 g Tagliatelle
Salz
4 EL Olivenöl
2 EL dunkle Sojasauce

1 Die Zwiebeln schälen und in feine Würfel schneiden. Die Tomaten waschen, vierteln und mit 1 Spritzer Essig mischen. Das Basilikum waschen, trocken schütteln und die Blätter in Stücke zupfen bzw. grob schneiden. Die Chilischoten längs halbieren, entkernen, waschen und fein hacken. Die Pilze putzen, quer halbieren und längs in möglichst dünne Scheiben schneiden.

2 Die Tagliatelle in reichlich kochendem Salzwasser nach Packungsanweisung bissfest garen.

3 In einer großen Pfanne 2 EL Olivenöl erhitzen und die Zwiebeln darin goldbraun dünsten. Die Sojasauce und den restlichen Essig dazugeben und kurz einköcheln lassen. Die Tomaten und die Chiliwürfel zu den Zwiebeln geben und kurz erhitzen.

4 Die Tagliatelle in ein Sieb abgießen, mit dem restlichen Olivenöl wieder in den Topf geben und kurz durchschwenken. Dann die Nudeln mit dem Basilikum und den Pilzen unter die Tomaten heben. Die Tagliatelle auf Teller verteilen und servieren.

Markus Lanz

» Klingt italienisch. Ist es auch. Doch dann kommt die dunkle Sojasauce. Und plötzlich weht ein Hauch Asien durch die Nudel. Wunderbar! «

Jakobsmuscheln
auf Roter Bete

von Lea Linster

Zutaten für 4 Personen

600 g Rote Beten (vorgegart
und vakuumiert)
Zucker
Salz · Pfeffer aus der Mühle
¹/₂ l Rote-Bete-Saft
100 ml Portwein
1 EL Aceto balsamico
2 EL Rotweinessig
200 g kalte Butter
(in Würfeln)
1 EL fein gewürfelte Schalotten
2 EL Öl
12 Jakobsmuscheln
(ausgelöst, ohne Corail)
einige Schnittlauchspitzen

1 Die Hälfte der Roten Beten in Würfel schneiden und mit 1 Prise Zucker, Salz, Pfeffer, Rote-Bete-Saft und Portwein 10 Minuten kochen lassen. Den Balsamico-Essig dazugeben und weitere 5 Minuten kochen lassen. Die Roten Beten in ein Sieb abgießen, dabei den Sud in einem Topf auffangen. Den Sud bei mittlerer Hitze sirupartig einkochen lassen. Die Roten Beten mit dem Stabmixer fein pürieren. Den Rotweinessig mit dem Rote-Beten-Sirup mischen, die Hälfte davon zum Püree geben und 100 g Butter untermixen. Das Püree mit Salz und Pfeffer würzen, durch ein Sieb streichen und warm halten.

2 Den übrigen Sirup aufkochen lassen, die restliche Butter dazugeben und mit dem Stabmixer unterschlagen. Die Schalotten hinzufügen und mit Salz und Pfeffer würzen. Die übrigen Roten Beten in Scheiben schneiden und in einer Pfanne im heißen Öl langsam erhitzen. Die Butter in einer Pfanne bei mittlerer Hitze so lange erhitzen, bis sie goldbraun ist. Die Jakobsmuscheln waschen, trocken tupfen, mit Salz und Pfeffer würzen und in der Butter auf beiden Seiten goldbraun braten. Das Püree auf Teller verteilen, die Muscheln hineinsetzen und die Rote-Bete-Scheiben darauf anrichten. Mit Schnittlauch garnieren und die Sauce um das Püree herumträufeln.

Tempura Rock Shrimps
mit Teriyaki-Creme

von Steffen Henssler

Zutaten für 4 Personen

Für die Shrimps:

2 Eier
50 g Mehl
Salz
12 Garnelen (küchenfertig,
geschält)
1 EL Butter
1/2 l Öl zum Frittieren
Pfeffer aus der Mühle
50 g Tempura-Mehl

Für die Teriyaki-Creme:

1/8 l Mirin (japan. Reiswein)
1/4 l Geflügelfond
1/4 l Sojasauce
125 g Zucker
1 EL Speisestärke
120 g Crème fraîche

1 Für die Shrimps die Eier mit 150 ml Wasser, dem Mehl und etwas Salz in einer Schüssel zu einem Teig verrühren. Den Teig zugedeckt 20 Minuten ruhen lassen. Die Garnelen abbrausen und trocken tupfen.

2 Für die Teriyaki-Creme in einem Topf den Mirin etwa 15 Sekunden stark kochen lassen. Den Fond, die Sojasauce und 1/4 l Wasser dazugeben. Den Zucker hinzufügen und so lange rühren, bis er vollständig aufgelöst ist. Die Sauce 2 Minuten köcheln lassen. Die Speisestärke mit wenig kaltem Wasser glatt rühren und untermischen. Die Teriyaki-Sauce kurz aufkochen lassen, bis sie leicht bindet.

3 Etwas Butter in einer Pfanne erhitzen, ein Viertel des Teigs hineingeben, durch Schwenken verteilen und auf beiden Seiten hell ausbacken. Die Crêpe herausnehmen und mit dem restlichen Teig genauso verfahren.

4 Das Öl in einem Topf auf etwa 170 °C erhitzen – die Temperatur ist richtig, wenn an einem hineingehaltenen Holzlöffelstiel kleine Blasen entstehen. Die Garnelen mit Salz und Pfeffer würzen. Das Tempura-Mehl mit 50 ml kaltem Wasser verrühren. Die Garnelen durch den Teig ziehen, im Öl knusprig ausbacken und auf Küchenpapier abtropfen lassen.

5 Die Teriyaki-Sauce erhitzen und die Crème fraîche unterrühren. Die Crêpes auf Teller verteilen und die Garnelen darauf anrichten. Mit etwas Teriyaki-Creme beträufeln und die restliche Creme separat dazu servieren.

Markus Lanz

» Die japanische Küche ist immer leicht? Von wegen! Japaner essen ungemein gerne Frittiertes. ›Tempura‹ nennen sie das und frittieren alles: Gemüse, Garnelen, Fisch, Fleisch. Und weil Fett ein Geschmacksträger ist, schmeckt's. Und wie! «

Fenchel-Avocado-Wrap
mit rosa Thunfisch und Pfirsich-Salsa

von Andreas C. Studer

Zutaten für 4 Personen

Für den Wrap:

250 g Thunfisch
(Sushi-Qualität)
Salz · Pfeffer aus der Mühle
1 EL Öl
1 Kästchen Gartenkresse
100 g Crème fraîche
Saft von 1 Limette
1 kleine Fenchelknolle
1 Avocado
4 Weizen-Tortillas
(Fertigprodukt)
1 Bund Schnittlauch

Für die Salsa:

2 Schalotten
½ Jalapeño-Schote
(oder Chilischote)
1 Bund Koriander
3 Pfirsiche
3 EL Olivenöl
1 EL brauner Zucker
2 EL Balsamico bianco
Fleur de Sel

Markus Lanz

» Die meisten Spitzenköche sind weit gereist. Andreas C. Studer war noch weiter. Zum Beispiel in Mexiko. Dieses tolle Gericht zeigt's! «

1 Für den Wrap den Thunfisch waschen, trocken tupfen und mit Salz und Pfeffer würzen. Das Öl in einer Pfanne erhitzen und den Fisch auf jeder Seite 30 Sekunden braten. Herausnehmen, kurz ruhen lassen und in dünne Scheiben schneiden. Die Kresse vom Beet schneiden, waschen und trocken tupfen. In einer Schüssel die Crème fraîche mit dem Limettensaft mischen und mit Salz würzen.

2 Den Fenchel putzen, waschen und halbieren. Den harten Strunk entfernen und die Hälften in hauchdünne Scheiben schneiden oder hobeln. Die Avocado halbieren und den Stein entfernen. Die Hälften schälen und das Fruchtfleisch in Scheiben schneiden. Die Tortillas mit der Crème fraîche bestreichen, den Fisch mit den Fenchel- und Avocadoscheiben darauf verteilen und die Kresse darüberstreuen. Die Tortillas aufrollen. Die Wraps im Abstand von 2 bis 3 cm mit einem Schnittlauchhalm zusammenbinden und anschließend die Rollen in Scheiben schneiden.

3 Für die Salsa die Schalotten schälen und in feine Würfel schneiden. Die Jalapeño-Schote entkernen, waschen und fein hacken. Den Koriander waschen und trocken schütteln, die Blätter abzupfen und fein hacken. Die Pfirsiche kreuzweise einritzen, kurz in kochendes Wasser tauchen, häuten, halbieren und den Kern entfernen. Das Fruchtfleisch in kleine Würfel schneiden. In einem kleinen Topf 1 EL Olivenöl erhitzen, die Pfirsiche, Jalapeño und Schalotten dazugeben und mit dem Zucker bestreuen. Alles bei mittlerer Hitze etwa 8 Minuten dünsten. Die Pfirsich-Salsa mit dem Essig, dem restlichen Olivenöl und dem Koriander mischen, mit Fleur de Sel würzen und mit dem Stabmixer pürieren.

4 Die Fenchel-Avocado-Wrapstücke auf Tellern anrichten und mit der Pfirsich-Salsa beträufelt servieren.

Lachs-Frühlingsrollen

mit süßsaurer Sauce und mariniertem Rotkohl

von Steffen Henssler

Zutaten für 4 Personen

Für den Rotkohl:

1/4 Rotkohl

2 EL Traubenkernöl

2 EL Aceto balsamico

2 EL Apfelessig

1 EL Zucker · 1–2 TL Salz

Für die Sauce:

1/4 Ananas · 1/2 Banane

1 Zwiebel · 1 Knoblauchzehe

50 g Ingwer

2 Äpfel

je 1 unbehandelte Orange und Zitrone

1 EL Salz

150 g Tomatenmark

50 g Senf

150 ml Essig

150 g Zucker

100 g Tomatenketchup

1–2 TL Speisestärke

Für die Frühlingsrollen:

1 rote Paprikaschote

80 g Shiitake-Pilze

80 g Champignons

2 Möhren

1/2 l Öl

200 g Sojasprossen

1 EL Sesamöl

3 EL helle Sesamsamen

150 g Lachsfilet

Salz · Pfeffer aus der Mühle

1 Chilischote

4 Blatt Frühlingsrollenteig

(ca. 25 x 25 cm; tiefgekühlt)

1 Für den Rotkohl den Kohl putzen und den harten Strunk entfernen. Den Rotkohl in feine Streifen schneiden oder hobeln und in einer Schüssel mit dem Öl, den beiden Essigsorten, dem Zucker und Salz mischen. Den Rotkohl zugedeckt etwa 1 Stunde marinieren.

2 Für die Sauce in einem Topf 1 1/2 l Wasser zum Kochen bringen. Die Ananas schälen, den harten Strunk entfernen und das Fruchtfleisch klein schneiden. Die Banane, die Zwiebel, den Knoblauch und den Ingwer schälen und klein schneiden. Die Äpfel, die Orange und die Zitrone waschen und klein schneiden. Alle vorbereiteten Zutaten in das kochende Wasser geben und mit dem Salz und dem Tomatenmark bei mittlerer Hitze auf etwa zwei Drittel einkochen lassen. Die Sauce durch ein Sieb streichen und wieder in den Topf geben. Den Senf, den Essig, den Zucker und den Ketchup unterrühren und erneut 5 Minuten köcheln lassen. Die Speisestärke mit wenig kaltem Wasser glatt rühren, zur Sauce geben und aufkochen lassen.

3 Für die Frühlingsrollen die Paprikaschote längs halbieren, entkernen, waschen und in feine Streifen schneiden. Die Shiitake-Pilze und die Champignons putzen und, falls nötig, mit Küchenpapier trocken abreiben, dann vierteln. Die Möhren putzen, schälen und in dünne Scheiben schneiden. In einer Pfanne 2 EL Öl erhitzen und das Gemüse darin bei starker Hitze etwa 20 Sekunden anbraten. Das Gemüse in eine Schüssel geben. Die Sojasprossen waschen, abtropfen lassen und mit dem Sesamöl und dem Sesam unter das Gemüse mischen.

4 Den Lachs waschen, trocken tupfen, in grobe Würfel schneiden und zum Gemüse geben. Mit Salz und Pfeffer würzen. Die Chilischote längs halbieren, entkernen, waschen, in feine Würfel schneiden und ebenfalls untermischen. Die Frühlingsrollen-Teigblätter ausbreiten und die Lachsfüllung darauf verteilen. Zuerst eine Ecke über die Füllung ziehen, dann die beiden seitlichen Ecken darüberschlagen und zum Schluss zur letzten Ecke hin aufrollen. Das restliche Öl in einem Topf auf etwa 170 °C erhitzen – es ist heiß genug, wenn an einem hineingetauchten Holzlöffelstiel kleine Blasen aufsteigen. Die Frühlingsrollen im Öl goldbraun frittieren. Herausheben und auf Küchenpapier abtropfen lassen.

5 Die Lachs-Frühlingsrollen mit dem marinierten Rotkohl auf Tellern anrichten und die süßsaure Sauce separat dazu servieren.

Seezunge »Müllerin Art«

mit grünem Spargel und Petersilienschaum

von Nelson Müller

Zutaten für 4 Personen

Für die Seezunge:

350 g Lachsfilet

100 g Sahne

Salz

400 g Blattspinat

4 Seezungenfilets (à ca. 100 g)

Pfeffer aus der Mühle

200 g Weißbrot (ohne Rinde;

vom Vortag)

2 EL Öl

Für den Spargel:

500 g grüner Spargel

Salz

1–2 EL Butter

Für den Petersilienschaum:

½ Bund Petersilie

3 Schalotten

50 g Butter

100 ml Weißwein

½ l Fischfond (aus dem Glas)

500 g Sahne

Saft von 1 Limette

Salz · Pfeffer aus der Mühle

1 Für die Seezunge das Lachsfilet waschen und trocken tupfen. 150 g Lachs in Würfel schneiden, mit der Sahne mischen und im Tiefkühlfach 15 Minuten anfrieren lassen. Dann im Blitzhacker zu einer glatten Farce pürieren und mit Salz würzen.

2 Den Spinat verlesen und waschen, grobe Stiele entfernen. Die Blätter in kochendem Salzwasser 2 bis 3 Minuten blanchieren. Abgießen, kalt abschrecken und abtropfen lassen. Die Blätter leicht überlappend auf einem Küchentuch zu einer Matte auslegen. Den Spinat mit einem zweiten Küchentuch bedecken und mit dem Nudelholz gleichmäßig flach rollen.

3 Die Seezungenfilets waschen, trocken tupfen und, falls nötig, mit dem Plattiereisen oder einem Topf gleichmäßig flach drücken. Aus der Spinatmatte 4 Stücke in der Größe der Seezungenfilets ausschneiden. Den restlichen Lachs in 4 gleich große Stücke schneiden und mit Salz und Pfeffer würzen. Die Seezungenfilets auf der Hautseite mit Salz und Pfeffer würzen, dünn mit der Lachsfarce bestreichen und mit je 1 Spinatmatte bedecken. Die Lachsstücke quer darauflegen und die Seezungenfilets aufrollen. Die Enden mit Holzspießchen fixieren. Das Weißbrot in grobe Stücke schneiden und im Blitzhacker fein zerkleinern. Den Backofen auf 170 °C vorheizen.

4 Den Spargel waschen, im unteren Drittel schälen und die Enden abschneiden. Den Spargel in kochendem Salzwasser 3 Minuten blanchieren. Die Stangen herausheben, kalt abschrecken und abtropfen lassen.

5 Die Seezungenröllchen dünn mit der restlichen Farce bestreichen und in den Brotbröseln wenden. Das Öl in einer ofenfesten Pfanne erhitzen und die Seezungenröllchen darin 2 Minuten rundum goldgelb braten. Anschließend im Ofen auf der mittleren Schiene etwa 5 Minuten garen.

6 Für den Petersilienschaum die Petersilie waschen und trocken schütteln, die Blätter abzupfen und fein hacken. Die Schalotten schälen und in Ringe schneiden. Die Butter in einem Topf erhitzen und die Schalotten darin andünsten. Mit dem Wein ablöschen, den Fond angießen und die Flüssigkeit auf etwa die Hälfte einkochen lassen. Die Sahne dazugeben und aufkochen lassen. Die Petersilie hinzufügen und alles mit dem Stabmixer aufschäumen. Den Petersilienschaum mit Limettensaft, Salz und Pfeffer abschmecken.

7 Die Butter erhitzen und den Spargel darin schwenken. Die Seezungenröllchen schräg halbieren und auf Teller verteilen. Den Spargel daneben anrichten und alles mit dem Petersilienschaum beträufeln.

Forellenfilet »Müllerin«

mit Zitronen-Nussbutter

von Alexander Herrmann

Zutaten für 4 Personen

Für die Zitronen-Nussbutter:

100 g Butter
1 EL Mandelblättchen
Saft und abgeriebene Schale
von 1 unbehandelten Zitrone
Salz
Cayennepfeffer

Für den Kartoffelstampf:

5–6 vorwiegend festkochende
Kartoffeln
Salz
50 g Butter
1/2 Bund Petersilie
100 g Butterschmalz

Für die Forelle:

4 große Forellenfilets
(à ca. 120 g; mit Haut)
Salz · Pfeffer aus der Mühle
1 EL doppelgriffiges Mehl
(z.B. Wiener Griessler)
2 EL Butterschmalz

1 Für die Zitronen-Nussbutter die Butter in einem Topf mit den Mandelblättchen bei mittlerer Hitze langsam und unter stetigem Rühren leicht aufschäumen lassen. Die Nussbutter mit etwas Zitronenschale, dem Zitronensaft, Salz und Cayennepfeffer würzen.

2 Für den Kartoffelstampf die Kartoffeln schälen, waschen und in grobe Würfel schneiden. Die Kartoffeln in Salzwasser etwa 20 Minuten weich garen. Das Wasser abgießen und die Kartoffeln auf der ausgeschalteten Herdplatte kurz ausdampfen lassen. Die Kartoffeln mit dem Kartoffelstampfer grob zerdrücken. Die Butter in Stückchen unterrühren, den Kartoffelstampf mit Salz würzen und warm halten.

3 Die Petersilie waschen, trocken schütteln und die Blätter abzupfen. Zwei Drittel der Blätter fein schneiden und unter den Kartoffelstampf heben. Das Butterschmalz in einem kleinen Topf erhitzen und die restliche Petersilie darin etwa 30 Sekunden knusprig frittieren. Herausheben und auf Küchenpapier abtropfen lassen.

4 Für die Forelle die Forellenfilets waschen, trocken tupfen, halbieren und auf beiden Seiten leicht mit Salz und Pfeffer würzen. Die Hautseite mit etwas Mehl bestäuben. Das Butterschmalz in einer großen Pfanne erhitzen und die Filets darin bei mittlerer Hitze auf der Hautseite 3 bis 4 Minuten kross braten.

5 Den Kartoffelstampf auf Teller verteilen, je 1 Forellenfilet mit der Hautseite nach oben darauflegen, mit Zitronen-Nussbutter beträufeln und mit der frittierten Petersilie garnieren.

Tempura von Carabinieros
mit frostiger Wassermelone und Wasabicreme
von Kolja Kleeberg

Zutaten für 4 Personen

Für die Wasabicreme:

2 Eier

200 ml Öl

1 TL Wasabipaste

1 TL Mirin (japan. Reiswein)

1 TL Reisessig

Für die Wassermelone:

¼ kleine kernarme Wassermelone

Piment d'Espelette

Maldon Sea Salt (Meersalzflocken)

etwas Puderzucker

Für die Carabinieros:

50 g Mehl

50 g Speisestärke

½ l Erdnussöl

8 Carabinieros (dunkelrote Riesengarnelen)

Salz

1 Für die Wasabicreme die Eier trennen und die Eigelbe mit den Quirlen des Handrührgeräts aufschlagen. Das Öl zuerst tropfenweise, dann in einem dünnen Strahl hinzufügen und dabei ständig weiterschlagen, bis eine cremige Mayonnaise entstanden ist. Die Wasabipaste, den Mirin und den Essig unterrühren.

2 Von der Wassermelone die Schale entfernen und das Fruchtfleisch in mundgerechte Stücke schneiden. Die Melonenstücke mit Piment d' Espelette und Maldon Sea Salt würzen und zugedeckt kühl stellen.

3 Für die Carabinieros das Mehl und die Speisestärke mit 100 ml Eiswasser verrühren. Das Öl in einem Topf auf etwa 170 °C erhitzen – es ist heiß genug, wenn an einem hineingehaltenen Holzlöffelstiel kleine Blasen aufsteigen. Die Köpfe der Riesengarnelen abdrehen und die Schwänze bis auf den Schwanzfächer schälen. Den Rücken der Garnelenschwänze einschneiden und den Darm entfernen. Die Garnelen waschen, mit Küchenpapier trocken tupfen und jeweils mit einem kleinen Holzspieß fixieren, damit sie sich beim Backen nicht aufspreizen. Die Carbinieros leicht mit Salz würzen, durch den Tempurateig ziehen und im Öl knusprig ausbacken. Herausheben und auf Küchenpapier abtropfen lassen.

4 Die Melonenstücke mit Puderzucker bestäuben und mit einem Gasbrenner karamellisieren. Die Melonen auf Tellern anrichten, die Tempura-Carabinieros daraufstecken und mit Wasabicreme servieren.

Markus Lanz

>> Schärfe und Süße, Wärme und Kälte: Mit diesem Gericht zeigt Kolja Kleeberg, was feine Küche ausmacht. «

Zitronen-Kardamom-Hähnchen

auf Avocado-Tomaten-Salat mit Gurkenschaum

von Alfons Schuhbeck

Zutaten für 4 Personen

Für das Hähnchen:

4 Hähnchenbrustfilets

(à ca. 150 g; ohne Haut)

1–2 eingelegte Salzzitronen

1 EL Kardamomkapseln

4 EL Olivenöl

Chilisalz

1 Stück Zimtrinde

Für den Gurkenschaum:

1/2 Knoblauchzehe

1/2 kalte Salatgurke

je 1 Msp. abgeriebene unbehandelte Orangen- und Limettenschale

1 EL milder Weißweinessig

Salz · Zucker

3 EL Sahne · Cayennepfeffer

Für den Salat:

6 vollreife Tomaten

1/4 Bund Basilikum

1 Knoblauchzehe

1 Avocado

abgeriebene Schale von 1/2 unbehandelten Zitrone

1/4 ausgekratzte Vanilleschote

1 Msp. geriebener Ingwer

1 Msp. Chiliflocken

Zucker

1 EL Olivenöl

Salz · 1 Stück Zimtrinde

1 Für das Hähnchen die Hähnchenbrustfilets waschen und trocken tupfen. Die Salzzitronen in dünne Scheiben schneiden. Jedes Hähnchenfilet in einem Vakuumbeutel mit 3 Zitronenscheiben pro Seite belegen, einige angedrückte Kardamomkapseln und je 1 EL Olivenöl dazugeben. Die Beutel mit einem Vakuumiergerät luftdicht verschließen. In einem großen Topf Wasser auf 80 °C erhitzen und die Hähnchenfilets darin bei 70 bis 80 °C etwa 20 Minuten gar ziehen lassen. Vier kleine Gläser in den Kühlschrank stellen.

2 Für den Gurkenschaum den Knoblauch schälen und fein reiben. Die Gurke schälen, längs halbieren, entkernen und die Hälften in Stücke schneiden. Die Gurkenstücke mit dem Knoblauch, je 1 Msp. Orangen- und Limettenschale, 1/4 l kaltem Wasser, dem Essig, Salz und 1 Prise Zucker im Küchenmixer oder mit dem Stabmixer schaumig pürieren. Die Sahne und etwas Cayennepfeffer unterrühren. Den Gurkenschaum in die gekühlten Gläschen füllen und kühl stellen.

3 Für den Salat den Backofen auf 50 °C vorheizen. Die Tomaten kreuzweise einritzen, überbrühen, häuten, vierteln und entkernen. Die Tomatenviertel auf einem Backblech im Ofen auf der mittleren Schiene 20 bis 30 Minuten erwärmen. Inzwischen das Basilikum waschen, trocken schütteln und die Blätter abzupfen. Den Knoblauch schälen und fein reiben. Die Avocado halbieren, den Stein entfernen, das Fruchtfleisch schälen und in Spalten schneiden. Die Avocado mit Tomaten, Basilikum, Zitronenschale, Knoblauch, Vanilleschote, Ingwer, Chiliflocken, 1 Prise Zucker, Olivenöl und Salz mischen. Etwas Zimt auf einer Zestenreibe fein darüber reiben.

4 Die Vakuumbeutel mit den Hähnchenfilets aufschneiden. Die Filets herausnehmen, dabei den Garfond auffangen und die Zitronenscheiben entfernen. Das Fleisch schräg in dünne Scheiben schneiden.

5 Den Avocado-Tomaten-Salat auf Teller verteilen. Das Zitronen-Kardamom-Hähnchen darauf anrichten und mit 1 Prise Chilisalz bestreuen. Mit einer Zestenreibe 1 Prise Zimt darüberreiben. Den Hähnchen-Garfond um den Salat verteilen und je 1 Gläschen Gurkenschaum auf die Teller stellen.

Grünes Curry
mit Minze und Bockshornklee

von Alfons Schuhbeck

Zutaten für 4 Personen

1 EL Mandelblättchen
40 g Petersilie
je 1 EL Minze- und Koriander-
blätter · 2 EL Kerbelblätter
40 g Blattspinat
Salz
1 Knoblauchzehe
2 EL mildes Olivenöl
1/2–1 TL Sesamöl
800 ml Gemüsebrühe
120 g festkochende Kartoffeln
200 g frische Erbsen (gepalt;
ersatzweise tiefgekühlt)
1 Lorbeerblatt
2 getrocknete rote Chilischoten
300 g Brokkoli
1 Zucchino
1 Fenchelknolle
2 Stangen Staudensellerie
1 Bund Frühlingszwiebeln
1/2 TL Kardamomsamen
1/4 TL Bockshornkleesamen
1/4 TL gemahlene Kurkuma
mildes Chilipulver
1 ausgekratzte Vanilleschote
1 Scheibe Ingwer
1 Splitter Zimtrinde

1 Die Mandelblättchen in einer Pfanne ohne Fett goldbraun rösten. Die Petersilie waschen, trocken schütteln und die Blätter abzupfen. Die Minze-, Koriander- und Kerbelblätter waschen und trocken tupfen. Den Spinat verlesen, waschen und grobe Stiele entfernen. Den Spinat mit den Petersilienblättern in kochendem Salzwasser 1 Minute blanchieren. Kalt abschrecken, ausdrücken und die Blätter klein hacken. Den Knoblauch schälen und halbieren. Spinat, Petersilie, Minze, Koriander, Kerbel, 1/2 Knoblauchzehe, Mandelblättchen, Oliven- und Sesamöl sowie 3 EL Brühe im Küchenmixer oder mit dem Stabmixer pürieren.

2 Die Kartoffeln schälen, waschen und in 2 cm große Würfel schneiden. Die Kartoffelwürfel und die Erbsen mit der restlichen Brühe in einen Topf geben, das Lorbeerblatt und die Chilischoten hinzufügen und zugedeckt 25 bis 30 Minuten weich garen.

3 Inzwischen den Brokkoli putzen, waschen und die Röschen abschneiden. Die Stiele schälen und in Scheiben schneiden. Den Zucchino putzen, waschen, längs halbieren und in 1/2 cm dicke Scheiben schneiden. Den Fenchel putzen, waschen und halbieren. Die Hälften in 1 cm dicke Scheiben schneiden. Den Sellerie putzen, waschen und schräg in 1 cm breite Stücke schneiden. Die Frühlingszwiebeln putzen, waschen und in 1 cm dicke Ringe schneiden. Das vorbereitete Gemüse in Salzwasser 2 bis 3 Minuten bissfest blanchieren. Abgießen, kalt abschrecken und auf einem Sieb abtropfen lassen.

4 Die Kardamom- und die Bockshornkleesamen im Mörser fein zerstoßen. Das Lorbeerblatt und die Chilischoten wieder aus der Kartoffel-Erbsen-Mischung entfernen. Die Kartoffeln mit den Erbsen in der Brühe mit dem Stabmixer leicht sämig pürieren. Mit Kurkuma, Bockshornklee, Kardamom, Salz und 1 Prise Chilipulver würzen.

5 Das vorgegarte Gemüse mit der Vanilleschote, der restlichen 1/2 Knoblauchzehe, dem Ingwer und der Zimtrinde zum Kartoffel-Erbsen-Curry geben. Die Kräuterpaste untermischen und das Gemüse bei schwacher Hitze 5 Minuten ziehen lassen. Dann die ganzen Gewürze entfernen.

6 Das grüne Curry in tiefe Teller oder Schälchen verteilen und servieren. Dazu passt indisches Fladenbrot (Naan-Brot) oder körnig gekochter Reis.

Marinierte Lammkoteletts
mit scharfem Kartoffelgratin

von Steffen Henssler

Zutaten für 4 Personen

Für die Lammkoteletts:

800 g Lammkarrees

200 ml Mirin (japan. Reiswein)

200 ml Sake (japan. Reiswein)

1 Zwiebel

3 Knoblauchzehen

½ Chilischote

300 ml Sojasauce

Salz · Pfeffer aus der Mühle

Für das Kartoffelgratin:

750 g festkochende Kartoffeln

½ Knoblauchzehe

½ Chilischote

400 g Sahne

½ TL »7-Pfeffer-Mischung«

Salz · Pfeffer aus der Mühle

1 TL Butter

Für die Minzsauce:

je 1 Bund Minze, Petersilie und Koriander

½ Chilischote

150 ml milder Reisessig

300 ml Traubenkernöl

2 EL Sesamöl

Zucker

Salz · Pfeffer aus der Mühle

1 Für die Lammkoteletts die Lammkarrees waschen, trocken tupfen und in Koteletts schneiden. Mirin und Sake in einem Topf kurz aufkochen und anschließend abkühlen lassen. Die Zwiebel und den Knoblauch schälen und in feine Würfel schneiden. Die Chilischote entkernen, waschen und fein hacken. Die Mirin-Sake-Mischung, Sojasauce, Zwiebel, Knoblauch und Chili in einem hohen Rührbecher mit dem Stabmixer kurz mixen. Die Marinade in eine Schüssel geben, die Koteletts darin wenden und etwa 1 Stunde marinieren.

2 Für das Kartoffelgratin den Backofen auf 160 °C vorheizen. Die Kartoffeln schälen, waschen und in dünne Scheiben hobeln. Den Knoblauch schälen und fein reiben. Die Chilischote entkernen, waschen und fein hacken. Die Sahne mit Knoblauch, Chili, 7-Pfeffer-Mischung, Salz und Pfeffer mischen. Nach Belieben für zusätzliche Schärfe 1 EL Chilisauce hinzufügen. Eine Auflaufform mit der Butter einfetten, die Kartoffeln dachziegelartig einschichten und die Sahne darübergießen. Das Gratin im Ofen auf der mittleren Schiene etwa 40 Minuten goldbraun backen.

3 Inzwischen für die Minzsauce die Minze, die Petersilie und den Koriander waschen, trocken schütteln und die Blätter abzupfen. Die Chilischote entkernen, waschen und fein hacken. Die Kräuter und den Essig in einen hohen Rührbecher geben und mit dem Stabmixer pürieren. Nach und nach die beiden Ölsorten untermixen. Die Chiliwürfel dazugeben und die Minzsauce mit 1 Prise Zucker, Salz und Pfeffer würzen.

4 Die Koteletts aus der Marinade nehmen, trocken tupfen und mit Salz und Pfeffer würzen. Eine Grillpfanne erhitzen und die Koteletts darin bei starker Hitze auf jeder Seite 3 Minuten braten – oder nach Belieben die Koteletts auf dem Holzkohlegrill garen.

5 Das scharfe Kartoffelgratin auf Teller verteilen, die Lammkoteletts daneben anrichten und mit der Minzsauce beträufeln. Dazu passt ein sommerlicher Salat.

Original Züricher Geschnetzeltes
mit Berner Rösti

von Andreas C. Studer

Zutaten für 4 Personen

Für die Rösti:

800 g festkochende
Kartoffeln
Salz
2 EL Butterschmalz
2 EL Butter

Für das Geschnetzelte:

1 Kalbsfilet (800–1000 g)
300 g braune Champignons
3 Schalotten
2 EL Öl
Fleur de Sel
Pfeffer aus der Mühle
2 EL Mehl
1/8 l Weißwein
1/2 l Kalbsfond
500 g Sahne
Saft von 1 Zitrone
1 Bund Schnittlauch

1 Am Vortag für die Rösti die Kartoffeln waschen und in der Schale in Salzwasser weich garen. Die Kartoffeln abgießen, ausdampfen lassen und zugedeckt beiseitestellen.

2 Für das Geschnetzelte das Kalbsfilet von Fett, Sehnen und Häuten befreien. Das Fleisch zuerst in Scheiben, dann in feine Streifen schneiden. Die Pilze putzen, mit Küchenpapier abreiben und in Scheiben schneiden. Die Schalotten schälen und in feine Würfel schneiden. Das Öl in einer Pfanne erhitzen und die Fleischstreifen darin bei starker Hitze rundum anbraten. Das Fleisch mit Fleur de Sel und Pfeffer würzen, herausnehmen und warm stellen.

3 Die Schalotten im verbliebenen Bratfett andünsten. Die Pilze hinzufügen und 3 Minuten mitdünsten. Das Mehl darüberstäuben und alles verrühren. Mit dem Wein ablöschen und die Flüssigkeit einkochen lassen. Den Fond angießen und auf ein Drittel einkochen lassen. Die Hälfte der Sahne zur Pilzmischung geben, mit Zitronensaft, Fleur de Sel und Pfeffer abschmecken. Das Fleisch hinzufügen und kurz aufkochen lassen.

4 Die Kartoffeln pellen, fein reiben und mit Salz würzen. In zwei Pfannen das Butterschmalz erhitzen, 8 Portionen Kartoffelmasse hineingeben und flach drücken. Die Rösti auf beiden Seiten je 5 Minuten goldbraun braten. Zum Schluss die Butter dazugeben und die Rösti darin wenden. Die restliche Sahne mit den Quirlen des Handrührgeräts cremig schlagen. Den Schnittlauch waschen, trocken schütteln und in Röllchen schneiden.

5 Das Züricher Geschnetzelte auf Teller verteilen, je 1 Klecks Sahne daraufgeben und mit Schnittlauch bestreuen. Die Rösti separat dazu reichen. Man kann dieses Gericht auch sehr gut als Hauptspeise servieren.

Reh-Brezen-Gröstl
mit Trompetenpilzen und Rosenkohl

von Alfons Schuhbeck

Zutaten für 4 Personen

Für die Sauce:

1 TL Puderzucker

¹/₈ l Rotwein

50 ml roter Portwein

300 ml Rehsauce

(oder Wildfond)

¹/₂ TL Speisestärke

Wildgewürz

Für das Gröstl:

2 Laugenstangen

5–6 EL Butter

120 g Rosenkohl · Salz

2 Handvoll Totentrompeten

(ersatzweise getrocknete Champi-

gnons; aus dem Feinkostladen)

mildes Chilisalz

500 g Rehrücken (ausgelöst)

1 EL braune Butter

(siehe S. 103, Schritt 3)

¹/₂ TL Wildgewürz

¹/₂ Apfel · ¹/₂ Birne

1 Handvoll kleine grüne

Weintrauben

1 TL Puderzucker

Markus Lanz

» ›Gröstl war mal ein Armeleute-
essen‹, erklärte Alfons Schuhbeck in der Sendung. Denn Gröstl
bestand aus Resten. Es ist also
eine Form von Respekt, Respekt
vor Lebensmitteln, wenn ein
Spitzenkoch Gröstl macht. «

1 Für die Sauce den Puderzucker in einem Topf hell karamellisieren, mit dem Rotwein und dem Portwein ablöschen. Die Flüssigkeit auf ein Drittel einköcheln lassen. Die Reduktion mit der Rehsauce aufgießen. Die Speisestärke mit wenig kaltem Wasser glatt rühren, zur Sauce geben und aufkochen lassen. Eine Prise Wildgewürz hinzufügen und die Sauce durch ein feines Sieb passieren.

2 Für das Gröstl die Laugenstangen entsalzen und in 1 cm große Würfel schneiden. In einer Pfanne 2 bis 3 EL Butter erhitzen und die Laugenstangenwürfel darin bei milder Hitze rundum goldbraun rösten. Die Würfel herausnehmen und auf Küchenpapier abtropfen lassen.

3 Den Rosenkohl putzen und waschen. Die Röschen in einzelne Blätter teilen und in kochendem Salzwasser 1 bis 2 Minuten blanchieren. Die Rosenkohlblätter in kaltem Wasser abschrecken und auf einem Sieb abtropfen lassen. Die Pilze gründlich waschen, abtropfen lassen und in kleine Stücke schneiden. In einer Pfanne 1 EL Butter erhitzen und die Pilze darin anbraten. Die Rosenkohlblätter hinzufügen und mit Chilisalz würzen.

4 Den Rehrücken von Häuten und Sehnen befreien und in etwa 2 cm große Würfel schneiden. Die braune Butter in einer großen Pfanne erhitzen und das Fleisch darin portionsweise rundum anbraten und herausnehmen. Dann alles wieder in die Pfanne geben, 1 EL Butter hinzufügen und das Fleisch mit dem Wildgewürz würzen.

5 Die Apfel- und die Birnenhälfte waschen und halbieren, dabei die Kerngehäuse entfernen, und das Fruchtfleisch in Spalten schneiden. Die Weintrauben waschen und abtropfen lassen. Den Puderzucker in einer Pfanne bei mittlerer Hitze hell karamellisieren, die Apfel- und Birnenspalten darin anbraten und 1 EL Butter dazugeben. Die Trauben hinzufügen und erwärmen.

6 Die Sauce noch mal erhitzen und auf Teller verteilen. Die Rehfleischwürfel darauf anrichten, die Brezen-Croûtons dazwischenstreuen und mit den Pilzen, dem Rosenkohl und dem Obst garnieren.

Geschmorte Ochsenbacke
mit Selleriepüree

von Johannes King

Zutaten für 4 Personen

Für die Ochsenbacken:

2 EL Öl

4 Ochsenbacken (à ca. 200 g)

Salz · Pfeffer aus der Mühle

2 Möhren · ¼ Sellerieknolle

2 kleine Zwiebeln

100 g Champignons

1 Tomate · 2 EL Tomatenmark

200 ml Rotwein

je 100 ml Madeira und Sherry

1½ l Rinderfond

je 2 Zweige Rosmarin und
Thymian

2 Lorbeerblätter

5 schwarze Pfefferkörner

1 TL Senfkörner

5 Pimentkörner

Für das Selleriepüree:

300 g Knollensellerie

grobes Meersalz

100 ml Milch

Saft von ½ Zitrone

Zucker · Pfeffer aus der Mühle

Außerdem:

20 Baby-Rote-Beten

Salz · 6 kleine Zwiebeln

1 Zweig Thymian

2 EL Butter · Zucker

Pfeffer aus der Mühle

100 g frische Datteln

(tiefgekühlt; in türkischen Le-
bensmittelgeschäften erhältlich)

1 TL ganzer Kümmel

1 EL alter Birnenessig

1   Den Backofen auf 90 °C Umluft vorheizen. Das Öl in einem kleinen Bräter erhitzen und die Ochsenbacken darin rundum anbraten. Das Fleisch herausnehmen, mit Salz und Pfeffer würzen. Die Möhren, den Sellerie und die Zwiebeln schälen und in kleine Würfel schneiden. Die Pilze putzen, falls nötig, mit Küchenpapier trocken abreiben, und ebenfalls klein schneiden. Die Tomate waschen, halbieren, den Stielansatz entfernen und das Fruchtfleisch in Stücke schneiden. Das Gemüse im Bräter im verbliebenen Bratfett bei schwacher Hitze goldbraun braten. Das Tomatenmark untermischen und die Ochsenbacken kurz mitdünsten. Alles mit Wein, Madeira und Sherry ablöschen. Die Flüssigkeit einkochen lassen und den Fond angießen. Rosmarin und Thymian waschen und trocken schütteln. Die Kräuter und alle Gewürze in den Bräter geben und die Ochsenbacken im Ofen 4 bis 6 Stunden garen. Sie sind gar, wenn das Fleisch zu zerfallen beginnt.

2   Die Roten Beten waschen und in Salzwasser etwa 20 Minuten garen. Für das Püree den Sellerie schälen, grob würfeln und mit 50 ml Wasser, Meersalz und der Milch zugedeckt bei schwacher Hitze etwa 25 Minuten weich garen.

3   Den Backofen auf 160 °C vorheizen. Die Zwiebeln schälen, halbieren und in einer Pfanne goldbraun dünsten. Den Thymian waschen, trocken tupfen und mit 1 TL Butter dazugeben. Mit 1 Prise Zucker, Salz und Pfeffer würzen und die Zwiebeln zugedeckt im Ofen 15 Minuten schmoren.

4   Die Roten Beten abgießen, kalt abschrecken und schälen. Dann in Spalten schneiden und mit 1 EL Butter in einem Topf glasieren. Das Rote-Bete-Gemüse mit Salz und Pfeffer würzen. Den Sellerie im Garsud mit dem Stabmixer fein pürieren. Das Selleriepüree mit 1 Spritzer Zitronensaft, 1 Prise Zucker, Salz und Pfeffer würzen und warm halten. Die Datteln häuten, halbieren, entkernen und in 1 TL Butter kurz andünsten. Den Kümmel fein hacken und mit dem Essig unter die Datteln mischen. Die Zwiebeln aus dem Ofen nehmen und in die einzelnen Segmente teilen.

5   Das Fleisch aus dem Bräter nehmen, die Kräuterzweige und die Lorbeerblätter entfernen. Das Gemüse und den Garfond mit dem Stabmixer leicht aufmixen. Die Sauce durch ein Sieb passieren, nach Belieben noch etwas einkochen lassen und mit Salz und Pfeffer abschmecken.

6   Das Selleriepüree mit den Ochsenbacken auf Tellern anrichten. Das Rote-Bete-Gemüse, die Datteln und die Zwiebeln rundum verteilen und mit der Sauce beträufelt servieren.

Fisch

Es gibt Fisch, der so trocken auf dem Teller liegt, dass man sich fragt: Hat der jemals das Meer gesehen? Doch es ist nicht nur die Frage nach dem Garpunkt, die Fischgerichte zur Herausforderung macht, sondern auch die Frage nach der Nachhaltigkeit. Die schlechte Nachricht ist: Die Weltmeere leiden an Über-fischung. Die gute aber lautet: Wer sich ein wenig informiert, findet schnell die Alternative: Fisch, ökologisch einwandfrei, aus nachhaltiger Züchtung. Ein wenig Verzicht für eine große Sache – ich finde, das ist uns allen zuzumuten.

Hechtmousse
mit pochierten Austern

von Lea Linster

Zutaten für 4 Personen

Für die Hechtmousse:

300 g Hechtfilet
300 g Sahne
3 Scheiben Toastbrot
100 ml Milch
1 Ei · Salz
1 cl Cognac
Pfeffer aus der Mühle

Für die Austern:

12 Austern
1 unbehandelte Limette
100 ml Champagner
100 g kalte Butter
Salz · Pfeffer aus der Mühle
2 EL Schnittlauchröllchen

1 Für die Hechtmousse den Fisch waschen und trocken tupfen. Das Filet in Stücke schneiden und mit der Sahne im Tiefkühlfach etwa 20 Minuten leicht anfrieren. Das Toastbrot entrinden und die Scheiben in der Milch einweichen.

2 Die angefrorenen Hechtstückchen im Blitzhacker oder im Küchenmixer pürieren. Das Ei und das ausgedrückte Toastbrot hinzufügen und mitmixen. Nach und nach die eiskalte Sahne untermixen, bis eine homogene Masse entsteht. Die Masse durch ein Sieb streichen. Die Hälfte der Masse in eine Metallschüssel geben, mit Salz würzen und im Eiswasserbad mit dem Kochlöffel aufschlagen. Nach und nach die restliche Hechtmousse dazugeben. Zum Schluss die Mousse mit Cognac, Salz und Pfeffer abschmecken. Mittig auf zwei Lagen Frischhaltefolie verteilen und zu einer Rolle aufwickeln. Die Enden sorgfältig zusammendrehen und verschließen.

3 Die Hechtmousse-Rollen im Dampfgarer bei 75 °C 15 Minuten garen. Alternativ kann man die Rollen zusätzlich in Alufolie wickeln, die Enden gut zusammendrehen und in einem Topf mit leicht siedendem Wasser etwa 15 Minuten gar ziehen lassen.

4 Inzwischen die Austern mit einer Bürste gründlich unter fließendem kaltem Wasser säubern. Die Limette heiß waschen, trocken reiben und die Schale mit einem Zestenreißer abziehen. Die Muschelschalen mit einem Austernmesser öffnen. Den Austernsaft durch ein feines Sieb in einen kleinen Topf gießen und die Flüssigkeit mit dem Champagner etwa 5 Minuten einköcheln lassen. Die kalte Butter stückchenweise mit dem Scheebesen unter die Reduktion rühren und die Sauce mit Salz, Pfeffer und den Limettenzesten abschmecken. Die Austern 1 Minute in der heißen Sauce pochieren, herausheben und abtropfen lassen.

5 Die fertig gegarte Mousse aus der Folie wickeln und in Scheiben schneiden. Jeweils 3 Scheiben Hechtmousse auf Teller oder kleine Muschelschüsseln verteilen, jedes Stück mit 1 pochierten Auster belegen und mit etwas Sauce beträufeln. Mit Schnittlauchröllchen bestreut servieren.

Markus Lanz

» Austern und Champagner zwischen Milch und Toastbrot: edel und erdig zugleich. Was für eine schöne Idee! «

Gebratenes Lachsfilet
auf Süßkartoffelpüree

von Steffen Henssler

Zutaten für 4 Personen

Für den Fenchelsalat:

2 Fenchelknollen · Salz

100 g Zwiebel

70 ml Zitronensaft

70 ml Orangensaft

50 ml Mirin (japan. Reiswein)

½ Bund Schnittlauch

70 ml Traubenkernöl

1 Schalotte

Für das Süßkartoffelpüree:

1 kg Süßkartoffeln

1 walnussgroßes Stück Ingwer

1 Chilischote

600 ml Kokosmilch

2 Kaffir-Limettenblätter

Salz

2 Limetten

1 Stängel Zitronengras

200 ml Weißwein

250 g Butter

Für das Lachsfilet:

4 Lachsfilets (à 150 g; mit
Haut, ohne Gräten)

Salz · Pfeffer aus der Mühle

2 EL Mehl · 2 EL Öl

1 Für den Salat den Fenchel putzen, waschen, halbieren und den harten Strunk entfernen. Die Fenchelhälften in feine Scheiben schneiden oder hobeln, in eine Schüssel geben und leicht mit Salz würzen. Die Zwiebel schälen, halbieren und in Scheiben schneiden. Die Zwiebelscheiben in Salzwasser 1 bis 2 Minuten blanchieren. In ein Sieb abgießen und abtropfen lassen. Die Zwiebeln in einem hohen Rührbecher mit dem Stabmixer pürieren. Die Zitrussäfte sowie den Mirin unter den Zwiebelbrei mischen. Den Schnittlauch waschen, trocken schütteln, in Röllchen schneiden und auch zum Dressing geben. Dann das Traubenkernöl in einem feinen Strahl untermixen. Die Schalotte schälen, in feine Würfel schneiden und ebenfalls unterrühren. Den Fenchel mit dem Dressing mischen und ziehen lassen.

2 Für das Süßkartoffelpüree die Süßkartoffeln schälen, waschen und in grobe Stücke schneiden. Den Ingwer schälen und fein reiben. Die Chilischote längs halbieren, entkernen und waschen. Die Kartoffelstücke mit der Kokosmilch, den gewaschenen Limettenblättern, der Chilischote, dem Ingwer und 1 Prise Salz in einen Topf geben und bei kleiner Hitze etwa 20 Minuten köcheln lassen, anschließend durch ein Sieb streichen.

3 Die Limetten heiß waschen und trocken reiben. Die Schale abreiben, die Limetten so großzügig schälen, dass auch die weiße Haut mit entfernt wird und das Fruchtfleisch klein schneiden. Vom Zitronengras die welken Außenblätter und die obere, trockene Hälfte entfernen, den Rest waschen, trocken tupfen und leicht flach klopfen. Den Wein mit der Limettenschale und dem Zitronengras in einem Topf bei mittlerer Hitze auf die Hälfte einkochen lassen. Das Zitronengras entfernen, die Butter und das Limettenfleisch untermixen und unter das Süßkartoffelpüree heben.

4 Die Lachsfilets waschen und trocken tupfen. Mit Salz und Pfeffer würzen und im Mehl wenden. Das Öl in einer Pfanne erhitzen und den Lachs darin etwa 10 Minuten auf beiden Seiten kross braten.

5 Das Süßkartoffelpüree auf Teller verteilen, das Lachsfilet darauf anrichten und den Fenchelsalat dazu servieren.

Markus Lanz

» Klingt leichter, als es tatsächlich ist. Das verrät allein der Blick auf die Zutatenliste. Wer sich aber die Mühe macht, so exotische Dinge wie Mirin, den japanischen Reiswein, zu besorgen, der wird geschmacklich sehr großzügig belohnt. «

Pochierter Zander »schwarz-weiß«
mit Belugalinsen und Meerrettich

von Alexander Herrmann

Zutaten für 4 Personen

Für den Zander:

600 g Zanderfilet (ohne Haut)

2 EL Butter

Salz

abgeriebene Schale von

½ unbehandelten Zitrone

¼ Bund Dill

Für die Linsen:

180 g Belugalinsen

Salz

1 Schalotte

1 EL Butter

2–3 EL alter Aceto balsamico

¼ l Gemüsebrühe

1 Scheibe durchwachsener Speck

Pfeffer aus der Mühle

1 TL Speisestärke

Für den Meerrettich:

2 EL Sahnemeerrettich

(aus dem Glas)

1 EL Naturjoghurt

Salz

1 Stück frischer Meerrettich

1 Für den Zander den Backofen auf 80 °C Umluft vorheizen. Die Zanderfilets waschen, trocken tupfen und in 8 gleich große Stücke schneiden. Die Butter in einem kleinen Topf zerlassen und etwas davon auf einer großen ofenfesten Platte verstreichen. Die Fischfilets darauflegen und mit etwas Salz und Zitronenschale würzen. Die restliche Butter um die Filets herumträufeln. Den Dill waschen, trocken schütteln und auf den Fisch legen. Die Platte mit hitzebeständiger Frischhaltefolie abdecken und den Fisch im Ofen auf der mittleren Schiene etwa 20 Minuten glasig garen.

2 Die Linsen in einem Topf mit leicht gesalzenem Wasser nach Packungsanweisung gar ziehen lassen. In ein Sieb abgießen und abtropfen lassen.

3 Die Schalotte schälen und in feine Würfel schneiden. In einem kleinen Topf die Butter erhitzen und die Schalotte darin andünsten. Die Belugalinsen hinzufügen und den Essig und die Brühe angießen. Den Speck dazugeben und ein paar Minuten mitgaren. Die Linsen mit Salz und Pfeffer würzen. Den Speck wieder entfernen. Die Speisestärke mit wenig kaltem Wasser glatt rühren, zu den Linsen geben und alles aufkochen lassen.

4 Für den Meerrettich den Sahnemeerrettich mit dem Joghurt verrühren und mit Salz abschmecken. Den frischen Meerrettich schälen.

5 Die Linsen auf Teller verteilen und die Zanderfilets darauf anrichten. Die Linsen rundum mit dem Meerrettichjoghurt beträufeln und den frischen Meerrettich großzügig über den Zander reiben.

Markus Lanz

» Klingt komplizierter, als es tatsächlich ist. Feinste Küche zum Nachkochen! «

Lachsforelle
mit Selleriecarpaccio und Meerrettichdip

von Steffen Henssler

Zutaten für 4 Personen

Für die Lachsforellen:

4 Lachsforellen (à 300 g; küchenfertig)

Salz · Pfeffer aus der Mühle

2 unbehandelte Zitronen

8 Zweige Rosmarin

4 Zweige Thymian

12 Scheiben durchwachsener Speck

1 EL Mehl

4 EL Öl

Für das Selleriecarpaccio:

500 g Knollensellerie

2 Äpfel

Salz · Pfeffer aus der Mühle

4 Knoblauchzehen

4 EL kalte Butter

Für den Meerrettichdip:

½ Bund Schnittlauch

250 g Crème fraîche

3 EL Mayonnaise

3 EL frisch geriebener Meerrettich

Salz · Pfeffer aus der Mühle

Markus Lanz

»» Ich finde es prima, dass Spitzenköche die Lachsforelle als Speisefisch wiederentdecken. Das sieht die Forelle vermutlich anders. ««

1 Für die Lachsforelle den Backofen auf 220 °C vorheizen. Die Lachsforellen waschen, trocken tupfen und innen mit Salz und Pfeffer würzen. Die Zitronen heiß waschen, trocken reiben und in dünne Scheiben schneiden. Den Rosmarin und den Thymian waschen und trocken schütteln. Die Bauchhöhlen der Fische mit je 4 Zitronenscheiben sowie 1 Thymian- und Rosmarinzweig füllen. Die Lachsforellen mit je 3 Speckscheiben umwickeln und mit etwas Mehl bestäuben. In einer großen Pfanne 2 EL Öl erhitzen und die Fische bei mittlerer Hitze auf beiden Seiten anbraten. Ein Backblech mit dem restlichen Öl einfetten und die Lachsforellen auf eine Blechhälfte legen.

2 Für das Carpaccio den Sellerie putzen und schälen. Die Äpfel schälen, vierteln und entkernen. Beides in dünne Scheiben hobeln. Die Sellerie- und Apfel-Scheiben abwechselnd leicht überlappend auf der freien Backblechhälfte verteilen. Mit Salz und Pfeffer würzen. Von den restlichen Rosmarinzweigen die Nadeln abzupfen. Die übrigen Zitronenscheiben vierteln. Die Knoblauchzehen leicht andrücken. Die Lachsforellen und das Gemüse mit den Rosmarinnadeln, den Zitronenstücken und den Knoblauchzehen bestreuen. Die kalte Butter in kleinen Flöckchen darüber verteilen. Die Fische mit dem Gemüse im Ofen auf der mittleren Schiene 30 Minuten garen.

3 Inzwischen für den Meerrettichdip den Schnittlauch waschen, trocken schütteln und in Röllchen schneiden. Die Crème fraîche, die Mayonnaise, den Meerrettich und den Schnittlauch zu einem Dip verrühren und mit Salz und Pfeffer abschmecken.

4 Die Lachsforellen und das Gemüse aus dem Ofen nehmen, auf Tellern anrichten und mit 1 Klecks Meerrettichdip garniert servieren.

Weihnachtliche Bouillabaisse
mit Kardamom-Fenchel-Krokant

von Alfons Schuhbeck

Zutaten für 4 Personen

Für den Krokant:

1 TL Kardamomsamen

2 TL Fenchelsamen

2–3 TL Puderzucker

Für die Suppe:

2 Frühlingszwiebeln

1 1/2 Fenchelknollen

800 ml Gemüsebrühe

200 g Sahne · 30 g kalte Butter

1–2 EL braune Butter

(siehe S.103, Schritt 3)

1 Knoblauchzehe · 1 Scheibe

Ingwer · 1/2 TL Currypulver

abgeriebene Schale von

1 unbehandelten Orange

Salz · mildes Chilipulver

Für die Krebse:

20 Flusskrebse · 1/2 TL ganzer

Kümmel · Salz · 1/2 Knoblauch-

zehe · 1 EL braune Butter

(siehe S.103, Schritt 3)

1 Scheibe Ingwer

1 Splitter Zimtrinde

1/4 ausgekratzte Vanilleschote

1 Streifen unbehandelte Oran-

genschale · Chilisalz

Für die Einlage:

je 300 g Lachs- und Kabeljau-

filet (ohne Haut und Gräten)

4 kleine Rotbarbenfilets (à 70 g;

mit Haut) · 4 Jakobsmuscheln

1 EL Butter · 3 EL mildes Oli-

venöl · mildes Chilisalz

1 Für den Krokant die Kardamom- und Fenchelsamen in einer Pfanne ohne Fett bei schwacher Hitze erwärmen, mit etwas Puderzucker bestäuben und unter Rühren karamellisieren. Den Vorgang 2- bis 3-mal wiederholen. Die Samen aus der Pfanne nehmen, abkühlen lassen und im Mörser fein zerrei-ben. Sofort in ein gut verschließbares Gefäß füllen, damit der Kardamom-Fenchel-Krokant trocken bleibt.

2 Für die Suppe die Frühlingszwiebeln putzen, waschen und in Ringe schneiden. Den Fenchel putzen, waschen, halbieren und in 1/2 cm große Stücke schneiden. Das Grün aufbewahren. Den Fenchel in der Brühe etwa 15 Minuten gar ziehen lassen. Ein Drittel als Einlage herausnehmen und beiseitestellen. Den Rest mit der Sahne, der Brühe, der kalten und der braunen Butter mit dem Stabmixer pürieren. Den Knoblauch schälen, in Scheiben schneiden und mit Ingwer, Currypulver und 1 Prise Kardamom-Fenchel-Krokant zur Brühe geben. Einige Minuten ziehen lassen, mit Oran-genschale, Salz und Chilipulver abschmecken und durch ein Sieb passieren. Den restlichen Fenchel und die Frühlingszwiebeln in der Suppe erwärmen.

3 Für die Krebse die Krebse mit dem Kümmel 1 bis 2 Minuten in kochendem Salzwasser garen, herausnehmen und kalt abschrecken. Krebsschwänze und -scheren abtrennen. Schwänze schälen, den Darm entfernen, das Fleisch waschen und trocken tupfen. Scheren knacken und das Fleisch herauslösen.

4 Den Backofen auf 80 °C vorheizen. Für die Einlage den Fisch und das Muschelfleisch waschen und trocken tupfen. Den Lachs und den Kabeljau in je 4 Stücke schneiden. Den Lachs auf ein gefettetes Backblech legen und im Ofen etwa 15 Minuten saftig durchziehen lassen. Anschließend mit 1 EL Olivenöl bestreichen und mit Chilisalz und 1 Prise Kardamom-Fenchel-Kro-kant würzen. In einer Pfanne das restliche Olivenöl erhitzen und Kabeljau, Rotbarbe und Jakobsmuscheln darin anbraten. Mit dem Chilisalz und dem Kardamom-Fenchel-Krokant würzen.

5 Für die Krebse den Knoblauch schälen und in Scheiben schneiden. Das Krebsfleisch in der braunen Butter mit Knoblauch, Ingwer, Zimt, Vanille-schote sowie der Orangenschale erwärmen und mit Chilisalz würzen. Die Suppe ebenfalls noch einmal erwärmen.

6 Zum Servieren die Suppe in tiefe Teller verteilen. Je 1 Stück Lachs, Ka-beljau und Rotbarbe und 1 Jakobsmuschel hineinlegen und das Krebsfleisch darauf verteilen.

Cacciucco
mit Dorade, Steinbutt und Rotbarbe

von Stefan Marquard

Zutaten für 4 Personen

200 g Tintenfischtuben
200 g Knollensellerie
200 g Möhren
2 Zwiebeln
5 Knoblauchzehen
6 EL Olivenöl
2 EL Butter
2 Chilischoten
5–6 Zweige Thymian
2 Döschen Safranfäden (à 0,1 g)
2 cl Noilly Prat
(franz. Wermut)
¼ l Weißwein
¼ l Vongolefond (ersatzweise
Fischfond)
¼ l Geflügelfond
500 g geschälte Tomaten
(aus der Dose)
8 Riesengarnelen (mit Kopf
und Schale)
200 g Doradenfilet
200 g Steinbuttfilet
120 g Rotbarbenfilet
1 TL gemahlener Koriander
Zucker
Salz · Pfeffer aus der Mühle
1 EL gehackte Petersilie
1 kleines Baguette

1 Die Tintenfischtuben putzen, waschen und grob in Ringe schneiden. Den Sellerie und die Möhren putzen, schälen und in Würfel schneiden. Die Zwiebeln und 4 Knoblauchzehen schälen und in feine Würfel schneiden. In einem großen ofenfesten Topf 2 EL Olivenöl und die Butter erhitzen und das Gemüse, die Zwiebel und den Knoblauch mit den Tintenfischringen darin andünsten. Die Chilischoten längs halbieren, entkernen, waschen und in kleine Würfel schneiden. Die Thymianzweige waschen und trocken schütteln. Die Chiliwürfel, den Thymian und den Safran zum Tintenfisch geben und mitdünsten.

2 Mit dem Noilly Prat und dem Wein ablöschen und einkochen lassen, bis die Flüssigkeit fast vollständig verdampft ist. Die Fonds und die Tomaten dazugeben und die Flüssigkeit bei mittlerer Hitze 15 bis 20 Minuten bis auf ein Viertel der Menge sämig einkochen lassen, dabei immer wieder umrühren. Den Backofen auf 120 °C vorheizen.

3 Die Garnelen bis auf den Schwanzfächer schälen, am Rücken entlang einschneiden und den Darm entfernen. Das Garnelenfleisch und die Fischfilets waschen und trocken tupfen. Die Fischfilets in mundgerechte Stücke schneiden. Alles mit dem Koriander, 1 Prise Zucker, Salz und Pfeffer würzen. Die Garnelen und den Fisch in die Sauce geben und mit 2 EL Olivenöl beträufeln. Mit der Petersilie bestreuen und die Suppe zugedeckt 10 bis 12 Minuten im Ofen auf der mittleren Schiene ziehen lassen.

4 Das Baguette in etwa 2 cm dicke Scheiben schneiden. Das restliche Olivenöl in einer Pfanne erhitzen und die Brotscheiben darin auf beiden Seiten rösten. Dann die Scheiben von beiden Seiten mit der restlichen halbierten Knoblauchzehe abreiben.

5 Die Fischsuppe in tiefe Teller verteilen und die gerösteten Brotscheiben dazu servieren.

Markus Lanz

» Cacciucco ist eine toskanische Fischsuppe, die je nach Jahreszeit mit einer bunten Mischung an Fischsorten zubereitet werden kann. Namentlich weitaus weniger bekannt, kann sie geschmacklich mit ihrem französischen Pendant – der Bouillabaisse – in jedem Fall mithalten. «

Kabeljau im Krabbensud
mit Schmorgurken und Morsumer Kartoffeln

von Johannes King

Zutaten für 4 Personen

*Für die Kartoffeln und
die Schmorgurken:*

12 kleine Morsumer Kartoffeln
grobes Meersalz
2 kleine Schmorgurken
(vorgegart und mild gewürzt)

Für den Krabbensud:

500 g Nordseekrabben
(vorgegart; mit Schale)
30 g Fenchel
30 g Staudensellerie
30 g Champignons
30 g Schalotten
1 Tomate · 50 g Butter
1 TL Tomatenmark
80 ml Wermut
1/2 TL Fenchelsamen
1/2 TL Senfkörner
5 weiße Pfefferkörner
1/2 TL gemahlene Korianderkörner
400 ml Fisch- oder Gemüsefond
80 g Sahne
Meersalz · Pfeffer aus der Mühle
4 EL eiskalte Butter

Für den Kabeljau:

4 Kabeljaufilets (hohe Mittel-
stücke; à 120 g)
150 ml Gemüse- oder Fischfond
4 cl Wermut · 80 g Butter
1 Stiel Estragon
Meersalz · Pfeffer aus der
Mühle · Limettensaft

1 Für die Kartoffeln die Kartoffeln waschen und mit der Schale in Salzwasser etwa 20 Minuten weich garen. Die Kartoffeln abgießen, kurz ausdampfen lassen, noch heiß pellen und in 1 cm dicke Scheiben schneiden.

2 Für den Sud die Krabben vom Schwanz her schälen und erst zum Schluss den Kopf abdrehen, die Schalen aufbewahren. Einige Krabbenschwänze mit Kopf für die Garnitur beiseitelegen. Den Fenchel und den Sellerie putzen und waschen. Vom Fenchel den harten Strunk entfernen. Fenchel und Sellerie in feine Streifen schneiden. Die Champignons putzen, trocken abreiben und die Stielansätze abschneiden. Die Pilze in feine Scheiben schneiden. Die Schalotten schälen und in feine Würfel schneiden. Die Tomate waschen, vierteln, entkernen und in kleine Würfel schneiden, dabei den Stielansatz entfernen.

3 Die Butter in einem Topf erhitzen und das Gemüse mit den Krabbenschalen darin bei schwacher Hitze andünsten. Darauf achten, dass die sehr dünnen Krabbenschalen nicht anbrennen. Das Tomatenmark dazugeben und kurz unter Rühren anrösten. Mit dem Wermut ablöschen und die Flüssigkeit einkochen lassen. Die Gewürze dazugeben, den Fond angießen und auf die Hälfte einkochen lassen. Die Sahne hinzufügen und 5 Minuten mitköcheln lassen. Den Sud durch ein feines Sieb gießen, dabei die Krabbenschalen gut ausdrücken. Die Flüssigkeit wieder aufkochen, mit Meersalz und Pfeffer abschmecken und die eiskalte Butter in Stückchen mit dem Stabmixer unterrühren. Den Fond nicht mehr kochen lassen.

4 Für den Kabeljau die Kabeljaufilets waschen und trocken tupfen. Den Fond mit dem Wermut aufkochen und die Butter in Stückchen mit dem Stabmixer unterrühren. Den Estragon waschen, die Blättchen abgezupft dazugeben und den Fond mit Meersalz, Pfeffer und einigen Spritzern Limettensaft würzen. Den Kabeljau im heißen Butterfond 5 bis 8 Minuten ziehen lassen.

5 Die Schmorgurken längs halbieren und in Scheiben schneiden. Die Krabben in einem Sieb ganz kurz in der Sauce erwärmen.

6 Die Kartoffelscheiben fächerförmig auf Tellern anrichten. Die Schmorgurken in die Mitte legen, darauf das abgetupfte Kabeljaufilet setzen. Alles mit grobem Meersalz und Pfeffer würzen. Die Krabben über die Kartoffeln streuen und mit dem Krabbensud überziehen. Den Kabeljau mit den restlichen ganzen Krabben garniert servieren.

Gebratene Rotbarbe und Scampi
auf Möhren-Koriander-Sauce

von Alfons Schuhbeck

Zutaten für 4 Personen

Für die Sauce:

1 Schalotte · 2 Möhren
100 g Cocktailtomaten
½ Stängel Zitronengras
1 kleines Kaffir-Limettenblatt
1 EL Butter · ⅛ l Gemüsebrühe
1 Knoblauchzehe
1 walnussgroßes Stück Ingwer
100 g Crème double
1 Msp. abgeriebene
unbehandelte Orangenschale
1 Msp. gemahlener Koriander
1 Msp. mildes Chilipulver · Salz

Für die Rotbarben und Scampi:

12 Riesengarnelen (geschält;
küchenfertig)
3 Knoblauchzehen
½ EL gehackter Koriander
½ EL Dillspitzen
1 TL abgeriebene unbehandelte
Limettenschale
Salz · Pfeffer aus der Mühle
1 Ei
4 Blätter Frühlingsrollenteig
(à 10 x 10 cm)
300 ml Öl · mildes Chilisalz
½ Vanilleschote
60 g Butter · 3 Scheiben Ingwer
je 1 Streifen unbehandelte
Orangen- und Zitronenschale
6 Kardamomkapseln
2 Splitter Zimtrinde
8 Rotbarbenfilets (à 60–80 g;
mit Haut) · 1 EL Olivenöl

1 Für die Möhren-Koriander-Sauce die Schalotte schälen und in feine Würfel schneiden. Die Möhren putzen, schälen und in Scheiben schneiden. Die Cocktailtomaten waschen und vierteln. Vom Zitronengras die welken Außenblätter entfernen, den Stängel halbieren und leicht andrücken. Das Kaffir-Limettenblatt waschen und trocken tupfen.

2 Die Butter in einem Topf erhitzen und die Schalotten und Möhren darin bei milder Hitze andünsten. Die Tomaten dazugeben und kurz mitdünsten. Die Brühe angießen, das Zitronengras und das Limettenblatt hinzufügen und das Gemüse zugedeckt 15 Minuten weich dünsten. Den Knoblauch und den Ingwer schälen und fein reiben. Crème double, Orangenschale, Koriander, ½ TL geriebenen Knoblauch und die Hälfte des Ingwers zum Gemüse geben und alles mit dem Stabmixer sämig pürieren. Die Sauce mit Chilipulver und Salz und nach Belieben mit 1 Schuss Anisschnaps abschmecken.

3 Für die Rotbarbe und die Scampi die Garnelen abbrausen und trocken tupfen, 6 Stück in kleine Würfel schneiden. Eine Knoblauchzehe schälen und fein reiben. Garnelenwürfel mit dem geriebenen Knoblauch, dem übrigen geriebenen Ingwer, Koriander, Dill und Limettenschale mischen und mit Salz und Pfeffer würzen. Das Ei verquirlen. In die Mitte der Frühlingsrollenblätter je 1 TL der Garnelenmasse setzen, die Teigränder mit Ei bestreichen und die Enden vorsichtig so verschließen, dass kleine Säckchen entstehen.

4 Das Öl in einem Topf erhitzen und die Säckchen darin bei schwacher Hitze ausbacken. Herausnehmen, auf Küchenpapier abtropfen lassen und mit Salz würzen. Die restlichen Garnelen in wenig Öl bei schwacher Hitze etwa 2 bis 3 Minuten langsam in einer Pfanne braten. Mit Chilisalz würzen.

5 Die restlichen Knoblauchzehen schälen und in Scheiben schneiden. Die Vanilleschote halbieren und das Mark herauskratzen. Die Butter in einer Pfanne mit Knoblauch, Ingwer, Orangen- und Zitronenschale, Kardamom, Zimt und Vanillemark erwärmen und mit Chilisalz würzen. Die Rotbarbenfilets waschen und trocken tupfen. Das Olivenöl in einer Pfanne erhitzen und den Fisch darin bei mittlerer Hitze auf der Hautseite etwa 3 Minuten kross anbraten. Die Filets wenden, die Pfanne vom Herd nehmen und den Fisch glasig durchziehen lassen. Herausnehmen, auf Küchenpapier abtropfen lassen und in der Gewürzbutter wenden.

6 Die Rotbarbenfilets mit den Frühlingsrollensäckchen und den Garnelen auf Tellern anrichten und mit der Sauce beträufelt servieren.

Rotbarbe
mit Austernsauce und Spargelnudeln

von Mario Kotaska

Zutaten für 4 Personen

Für die Spargelnudeln:

8 Stangen grüner Spargel
8 Stangen weißer Spargel
Salz · Zucker
120 g Spaghetti

Für die Austernsauce:

100 g Schalotten
2 Rotbarbenkarkassen
2 EL Butter
50 cl Wermut
50 ml trockener Weißwein
200 ml Fischfond
200 g Sahne
2 EL Crème fraîche
Saft von 1 Zitrone
2 g Piment d'Espelette
1 Bund Estragon
8 Sylter Royal Austern
Kerbel

Für die Rotbarben:

4 Rotbarbenfilets
(à 100 g; mit Haut)
Salz · Pfeffer aus der Mühle
1 EL Mehl
4 Knoblauchzehen
2 Zweige Thymian
2 EL Olivenöl
2 EL Butter

1 Für die Spargelnudeln den grünen Spargel waschen. Die weißen Stangen ganz schälen, die grünen im unteren Drittel. Die holzigen Enden abschneiden. Die Spargelstangen mit dem Sparschäler in dünne Streifen schneiden, in einen Topf geben und mit Salz und 1 Prise Zucker würzen. Die Spaghetti in reichlich kochendem Salzwasser nach Packungsanweisung bissfest garen. Die Spargelstreifen zugedeckt im eigenen Saft etwa 5 Minuten dünsten.

2 Für die Austernsauce die Schalotten schälen und in feine Würfel schneiden. Die Rotbarbenkarkassen sorgfältig waschen und gut abtropfen lassen. Die Butter in einem großen Topf erhitzen und die Schalotten mit den Karkassen darin ohne Farbe andünsten. Mit dem Wermut und dem Wein ablöschen und die Flüssigkeit fast vollständig einköcheln lassen. Den Fond angießen und alles durch ein Sieb in einen Topf gießen und etwa 10 Minuten einköcheln lassen. Die Sahne und die Crème fraîche hinzufügen und kurz aufkochen lassen. Mit etwas Zitronensaft abschmecken und mit dem Piment d'Espelette würzen. Den Estragon waschen, trocken schütteln und die Blätter abzupfen. Die ausgelösten Austern und den Estragon mit dem Stabmixer unter die Sauce rühren, durch ein Sieb passieren und warm halten. Die Sauce darf jetzt nicht mehr aufkochen!

3 Für die Rotbarben die Rotbarbenfilets waschen, trocken tupfen und mit Salz und Pfeffer würzen. Die Hautseite mehrmals einritzen und dünn mit Mehl bestäuben. Den Knoblauch schälen und leicht andrücken. Den Thymian waschen und trocken tupfen.

4 Das Olivenöl und die Butter in einer Pfanne erhitzen und den Fisch auf der Hautseite mit dem Thymian und dem Knoblauch 2 bis 3 Minuten braten, bis die Haut kross ist und sich zwei Drittel des Filets weiß gefärbt haben. Die Pfanne vom Herd ziehen, die Filets vorsichtig wenden und in der Resthitze knapp 1 Minute ziehen lassen.

5 Die Spargelstreifen mit den Spaghetti zur Austernsauce geben und gut durchschwenken. Die Spargelnudeln mit der Austernsauce auf Teller verteilen, die Rotbarbenfilets daraufsetzen und mit Kerbel garniert servieren.

Markus Lanz

» Tolle Idee von Mario Kotaska, die Austern mal zu pürieren. Das trauen sich nicht viele. «

Gratinierter Wolfsbarsch

mit Basilikumrisotto und Tomatenschaum

von Nelson Müller

Zutaten für 4 Personen

Für den Tomatenschaum:

10 Tomaten · 1 Schalotte

60 g kalte Butter

50 ml Weißwein

250 g Sahne

50 g Crème fraîche

Für den Basilikumrisotto:

2 Schalotten · 1 EL Butter

50 g Risottoreis

50 ml Weißwein

200 ml heißer Geflügelfond

100 g geriebener Parmesan

1 EL Basilikumpesto

2 EL geschlagene Sahne

Für den Wolfsbarsch:

4 Wolfsbarschfilets

(à 100 g; ohne Haut)

Saft von 1 Limette

Salz · Pfeffer aus der Mühle

2 EL Öl

Für die Gratiniermasse:

1 gelbe Paprikaschote

1 rote Paprikaschote

5 Tomaten · 1 Zucchino

100 g Kalamata-Oliven

2 EL Olivenöl

Salz · Pfeffer aus der Mühle

100 g geriebener Parmesan

Außerdem:

½ Bund Basilikum

1 kg Fett zum Frittieren · Salz

1 Für den Tomatenschaum die Tomaten waschen, vierteln, dabei die Stielansätze entfernen und das Fruchtfleisch im Mixer pürieren. Die Masse – am besten über Nacht – auf einem mit einem Küchentuch ausgelegten Sieb abtropfen lassen, dabei den Tomatensaft auffangen. Die Schalotte schälen, in feine Würfel schneiden. 1 TL Butter in einem Topf erhitzen und die Schalotte darin andünsten. Mit dem Wein ablöschen und die Flüssigkeit einköcheln lassen. Den Tomatensaft angießen und fast vollständig einkochen lassen. Die Sahne dazugeben und aufkochen.

2 Für den Risotto die Schalotten schälen und in feine Würfel schneiden. Die Butter in einem Topf erhitzen und die Schalotten darin andünsten. Den Reis dazugeben und glasig dünsten. Mit Wein und 1 Schuss Fond ablöschen und fast vollständig einköcheln lassen. So viel Fond dazugeben, dass der Reis gerade bedeckt ist. Bei schwacher Hitze unter Rühren köcheln lassen, bis die Flüssigkeit aufgenommen ist. Immer wieder Fond dazugießen, bis der Risottoreis nach 20 bis 30 Minuten »al dente« ist. Den geriebenen Parmesan und das Pesto unterrühren und mit der geschlagenen Sahne verfeinern.

3 Inzwischen für den Wolfsbarsch den Fisch waschen und trocken tupfen. Mit etwas Limettensaft, Salz und Pfeffer würzen. Den Fisch in einer Pfanne im Öl auf der Hautseite 2 Minuten anbraten. Die Pfanne vom Herd nehmen, die Filets wenden und in der Resthitze knapp 1 Minute ziehen lassen.

4 Den Backofen auf 200 °C Oberhitze vorheizen. Für die Gratiniermasse die Paprikaschoten längs halbieren, entkernen, waschen, schälen und in kleine Würfel schneiden. Die Tomaten kreuzweise einritzen, überbrühen, häuten, vierteln, entkernen und in kleine Würfel schneiden. Den Zucchino putzen, waschen und mit den Oliven in kleine Würfel schneiden. Die Paprika- und Zucchinowürfel im Olivenöl andünsten, mit Salz und Pfeffer würzen und die Tomatenwürfel untermischen. Die Masse auf den Fischfilets verteilen und mit geriebenem Parmesan bestreut im Ofen etwa 1 Minute gratinieren.

5 Die restliche kalte Butter und die Crème fraîche zur Tomatensauce geben und mit dem Stabmixer aufschäumen. Das Basilikum waschen, sorgfältig trocken tupfen und die Blätter im 160 °C heißen Fett zwischen zwei Suppenkellen 10 Sekunden frittieren. Auf Küchenpapier abtropfen lassen. Erst unmittelbar vor dem Servieren salzen.

6 Den Risotto in tiefe Teller verteilen und den Fisch darauf anrichten. Mit dem Tomatenschaum überziehen und mit den Basilikumblättern garnieren.

Wolfsbarsch in der Salzkruste
mit Sommersalsa

von Lea Linster

Zutaten für 4 Personen

Für den Wolfsbarsch:

*1 großer Wolfsbarsch
(ca. 1,2 kg; küchenfertig)
4 Zweige Thymian
2–3 kg grobes Meersalz*

Für die Salsa:

*5 Tomaten
Salz
1 Schalotte
50 g Piquillos (kleine rote
Paprikaschoten; aus der Dose)
je 4 Stiele Basilikum und Minze
Saft und abgeriebene Schale
von je 1 unbehandelten Zitrone
und Limette
Zucker
Tabasco
1 Msp. gemahlener Piment
1–2 EL Olivenöl*

1 Für den Wolfsbarsch den Backofen auf 200 °C vorheizen. Die Kiemen des Wolfsbarschs entfernen. Den Fisch waschen und innen und außen trocken tupfen. Den Thymian waschen, trocken schütteln und die Zweige in die Bauchhöhle des Fischs legen.

2 Das Meersalz mit so viel Wasser (etwa 200 ml) mischen, dass es gerade feucht ist. Ein Viertel davon in Fischgröße auf einem mit Backpapier belegten Backblech verteilen. Den Wolfsbarsch darauflegen, mit dem restlichen Salz bedecken und die Masse leicht andrücken. Den Wolfsbarsch im Ofen auf der mittleren Schiene etwa 15 bis 20 Minuten garen. Der Fisch ist bei einer Kerntemperatur von 55 bis 60 °C perfekt gegart.

3 Inzwischen für die Salsa die Tomaten kreuzweise einritzen, überbrühen, häuten, vierteln und entkernen. Die Kerne in einem hohen Rührbecher mit dem Stabmixer pürieren, mit 1 Prise Salz in einen Topf geben und aufkochen lassen. Die Flüssigkeit durch ein Sieb passieren, wieder in den Topf geben und sirupartig einkochen lassen. Den Tomatensirup vom Herd nehmen und abkühlen lassen.

4 Das Tomatenfruchtfleisch in kleine Würfel schneiden. Die Schalotte schälen und in feine Würfel schneiden. Die Piquillos abtropfen lassen und in kleine Würfel schneiden. Das Basilikum und die Minze waschen, trocken schütteln, die Blätter abzupfen und in feine Streifen schneiden. Den Tomatensirup mit den Tomaten und den Schalotten mischen und mit den Zitrussäften und -schalen, 1 Prise Zucker, einigen Spritzern Tabasco, Salz und Piment abschmecken. Zum Schluss das Olivenöl unter die Salsa rühren.

5 Eine große Platte vorwärmen. Den Wolfsbarsch aus dem Ofen nehmen und 5 Minuten ruhen lassen. Die Salzkruste mit einem großen Küchenmesser aufschlagen. Den Fisch aus der Kruste lösen, auf die vorgewärmte Platte legen und die Filets auslösen. Die Filets auf Teller verteilen und die lauwarme oder kalte Salsa dazu reichen. Dazu passt frisches Weißbrot.

Markus Lanz

>> Sieht spektakulär aus und hat was von Weihnachten: Wenn du's auspackst, weißt du nie genau, was drin ist. Aber wenn's gelingt, ist es schon pur so perfekt, dass man eigentlich keine Sauce mehr braucht. <<

Krosser Wolfsbarsch
mit Trüffel, Garnelen und Frühlingszwiebeln
von Mario Kotaska

Zutaten für 4 Personen

8 Garnelen (küchenfertig; ohne Kopf)

2 Schalotten

2 Knoblauchzehen

4 EL Olivenöl

5 cl Cognac

5 cl Wermut

100 ml Weißwein

200 ml Geflügelfond

150 g Tomaten (aus der Dose)

3 Stiele Basilikum

3 Stiele Estragon

5 Zweige Thymian

2 Sternanis

½ TL Korianderkörner

100 g Butter

100 g Sahne

2 Bund Frühlingszwiebeln

Salz · Zucker

frisch geriebene Muskatnuss

60 g Wintertrüffel

200 g frische Tagliatelle

4 Wolfsbarschfilets (à 80 g; mit Haut)

Pfeffer aus der Mühle

gemahlener Koriander

1 EL Mehl

1 Die Garnelen schälen, am Rücken entlang einschneiden und den Darm entfernen. Die Garnelen waschen und trocken tupfen. Die Schalotten und den Knoblauch schälen. Die Schalotten in feine Würfel schneiden. In einem Topf 1 EL Olivenöl erhitzen und die Garnelenschalen mit den Schalottenwürfeln darin anrösten. Mit dem Cognac, dem Wermut und dem Wein ablöschen, die Flüssigkeit 5 Minuten einköcheln lassen, dann den Fond angießen. Die Tomaten hinzufügen. Die Kräuter waschen und trocken schütteln. Basilikum, Estragon und 3 Thymianzweige mit 1 angedrückten Knoblauchzehe, Sternanis und Korianderkörnern zum Fond geben und 20 Minuten mitgaren. Die Flüssigkeit durch ein Sieb gießen und je 80 g Butter und Sahne mit dem Stabmixer unterrühren. Die Sauce warm halten.

2 Die Frühlingszwiebeln putzen, waschen und in Ringe schneiden. In eine kleine Schüssel geben und mit Salz, 1 Prise Zucker und Muskatnuss würzen. Die restliche Butter in einer Pfanne erhitzen und die Zwiebelringe darin andünsten. Die Garnelen in kleine Würfel schneiden. In einer Pfanne 1 EL Olivenöl erhitzen und die Garnelen darin bei schwacher Hitze anbraten. Die Trüffel schälen, zuerst in dünne Scheiben, dann in feine Würfel schneiden. Mit den Frühlingszwiebeln zu den Garnelen geben und kurz mitdünsten.

3 Die Tagliatelle in reichlich kochendem Salzwasser 3 bis 4 Minuten bissfest garen. Mit der Pastazange herausheben, kurz abtropfen lassen, zur Trüffel-Garnelen-Frühlingszwiebel-Mischung in die Pfanne geben und sorgfältig mischen.

4 Die Wolfsbarschfilets waschen und trocken tupfen. Den Fisch mit Salz, Pfeffer und Koriander würzen, auf der Hautseite mehrmals einritzen und dünn mit Mehl bestäuben. Das restliche Olivenöl in einer Pfanne erhitzen und den Fisch auf der Hautseite 2 bis 3 Minuten bei mittlerer Hitze braten, bis die Haut kross ist und sich zwei Drittel des Filets weiß gefärbt haben. Die Filets vorsichtig wenden und etwa 1 Minute ziehen lassen, dabei die restliche Butter und Sahne, den restlichen Thymian und den restlichen angedrückten Knoblauch dazugeben. Die Sauce mit dem Stabmixer noch einmal aufschäumen.

5 Die Tagliatelle mit den Trüffel-Lauch-Garnelen in tiefe Teller verteilen, den kross gebratenen Wolfsbarsch darauf anrichten und mit der Sauce servieren.

Seeteufel auf Tintenfischsauce

mit Calamaretti

von Alfons Schuhbeck

Zutaten für 4 Personen

Für die Tintenfischsauce:

1 Knoblauchzehe

1 TL Puderzucker

80 ml Weißwein

300 ml Fischfond

80 g Sahne

1–2 Tütchen Tintenfischtinte

1 Msp. Vanillepulver

Salz

Chiliflocken

abgeriebene Schale von

1/2 unbehandelten Zitrone

1 TL Speisestärke

Für den Seeteufel:

500 g Seeteufel (küchenfertig)

3 EL Weißbrotbrösel

1 EL Öl

mildes Chilisalz

Für die Calamaretti:

2 Frühlingszwiebeln

1 Knoblauchzehe

1/4 Bund Petersilie

250 g Calamaretti

1–2 TL Öl

1/2 TL abgeriebene unbehan-

delte Zitronenschale

Lavendelsalz

Pfeffer aus der Mühle

1–2 EL mildes Olivenöl

1 Für die Sauce den Knoblauch schälen und etwa 1 Msp. fein abreiben. Den Puderzucker in einem Topf hell karamellisieren, mit dem Wein ablöschen und 1 bis 2 Minuten einkochen lassen.

2 Den Fond dazugeben und auf ein Drittel einkochen lassen. Die Sahne, die Tintenfischtinte und den Knoblauch dazugeben. Die Sauce mit dem Vanillepulver, Salz, 1 Prise Chiliflocken und der Zitronenschale würzen. Die Speisestärke mit wenig kaltem Wasser anrühren und die Sauce damit binden.

3 Für den Seeteufel den Fisch waschen und trocken tupfen. Das Fischfleisch in etwa 2 cm große Würfel schneiden und mit den Weißbrotbröseln bestreuen. Das Öl in einer Pfanne erhitzen und die Fischstücke darin bei mittlerer Hitze etwa 2 Minuten rundum anbraten. Mit dem Chilisalz würzen, herausnehmen und auf Küchenpapier abtropfen lassen.

4 Für die Calamaretti die Frühlingszwiebeln putzen, waschen und in Ringe schneiden. Den Knoblauch schälen und in Scheiben schneiden. Die Petersilie waschen und trocken schütteln, die Blätter abzupfen und fein hacken. Den Kopf und die Fangarme der Calamaretti mitsamt den Eingeweiden aus dem Körperbeutel ziehen, das durchsichtige Fischbein entfernen. Den Kopf abtrennen und den harten »Schnabel« entfernen. Von den Tuben die Haut abziehen, die Tuben aufschneiden und die restlichen Eingeweide entfernen. Das Calamarettifleisch und die -arme unter fließendem kaltem Wasser waschen und trocken tupfen. Die Tuben in 3 cm große Stücke schneiden, die Fangarme halbieren.

5 Das Öl in einer großen Pfanne erhitzen und die vorbereiteten Calamaretti darin 1/2 bis 1 Minute anbraten. Die Frühlingszwiebeln, die Knoblauchscheiben, die Zitronenschale und die Petersilie untermischen. Mit Lavendelsalz und Pfeffer würzen und das Olivenöl darüberträufeln.

6 Die Sauce nochmals mit dem Stabmixer aufschäumen und auf vorgewärmte Teller verteilen. Die Calamaretti mit den Seeteufelwürfeln darauf anrichten und servieren.

Seeteufel im Koriandermantel
auf Rote-Bete-Püree mit Spinat

von Andreas C. Studer

Zutaten für 4 Personen

Für das Rote-Bete-Püree:
750 g mehligkochende
Kartoffeln
Salz
250 g Rote Beten (vorgegart
und vakuumiert)
1 TL Wasabipaste
150 ml Milch
50 g Butter
Salz · Pfeffer aus der Mühle

Für den Seeteufel:
600 g Seeteufelfilet
(ohne Knochen und Haut)
4 EL Olivenöl
1 Bund Koriander
1 walnussgroßes Stück Ingwer
Chiliflocken
Fleur de Sel
Pfeffer aus der Mühle

Für den Spinat:
150 g junger Spinat
2 EL braune Butter
(siehe S. 103, Schritt 3)
Salz
frisch geriebene Muskatnuss

1 Backofen auf 140 °C Umluft vorheizen. Für das Püree die Kartoffeln schälen, waschen, in Stücke schneiden und in Salzwasser 20 Minuten weich garen. Die Roten Beten in Stücke schneiden und die letzten 7 Minuten mitgaren.

2 Das Seeteufelfilet waschen, trocken tupfen und mit 2 EL Olivenöl beträufeln. Den Koriander waschen, trocken schütteln, die Blätter abzupfen. Den Ingwer schälen und mit den Korianderblättern fein hacken, 1 Prise Chiliflocken dazugeben. Den Fisch in der Ingwermischung wenden, mit Fleur de Sel und Pfeffer würzen und in einem Bratschlauch im Ofen auf der mittleren Schiene etwa 15 Minuten garen – der Fisch sollte innen noch glasig sein.

3 Kartoffeln und Rote Beten abgießen, ausdampfen lassen und mit dem Kartoffelstampfer fein zerdrücken. Wasabipaste, Milch und Butter unterrühren und das Püree mit Salz und Pfeffer abschmecken. Den Spinat verlesen, waschen, abtropfen lassen und in der braunen Butter bei schwacher Hitze 3 Minuten zusammenfallen lassen, mit Salz und Muskatnuss würzen. Den Seeteufel in 4 Stücke schneiden, mit dem restlichen Olivenöl beträufeln und auf dem Rote-Bete-Püree anrichten. Den Spinat separat dazu reichen.

Seezungenfilet auf Safransauce
mit Tomaten und gebratenem Fenchel
von Alfons Schuhbeck

Zutaten für 4 Personen

Für die Safransauce:

2 TL Puderzucker

1/8 l Weißwein

2 cl Wermut

1 Döschen Safranfäden (0,1 g)

1/8 l Gemüsebrühe

100 g Sahne

Chilisalz

1/2 Knoblauchzehe (in Scheiben)

abgeriebene Schale von

1/2 unbehandelten Orange

Gewürzmischung Aglio e olio

(aus dem Gewürzladen)

1 Msp. Vanillepulver

2 EL kalte Butter

Für die Tomaten und den
gebratenen Fenchel:

6 Tomaten

2 Fenchelknollen

2 EL Olivenöl

Chilisalz

Für die Seezunge:

12 Seezungenfilets (à ca. 40 g)

2 EL mildes Olivenöl

mildes Chilisalz

2 EL braune Butter

(siehe S. 103, Schritt 3)

1 In einem Topf den Puderzucker hell karamellisieren. Mit Wein und Wermut ablöschen und auf ein Drittel einköcheln lassen. Den Safran in der erwärmten Brühe kurz ziehen lassen. Zur Weißweinreduktion geben und auf ein Drittel einköcheln lassen. Die Sahne dazugeben und mit Chilisalz abschmecken. Den Knoblauch mit der Orangenschale, 1 Prise der Gewürzmischung und dem Vanillepulver einige Minuten in der Sauce ziehen lassen. Die Sauce durch ein feines Sieb gießen, dann die kalte Butter unterschlagen.

2 Die Tomaten kreuzweise einritzen, überbrühen, häuten, vierteln und entkernen. Den Fenchel putzen, waschen und den Strunk entfernen, in 1 cm dicke Streifen schneiden. Das Olivenöl erhitzen und den Fenchel darin bei schwacher Hitze rundum andünsten. Die Tomaten dazugeben. Gemüse mit Chilisalz würzen. Die Seezungenfilets waschen und trocken tupfen. Das Olivenöl in einer Pfanne erhitzen und den Fisch darin bei schwacher Hitze rundum 3 Minuten braten. Mit Chilisalz und brauner Butter würzen.

3 Den gebratenen Fenchel mit den Tomaten auf Tellern anrichten und mit der Safransauce überziehen. Die Seezungenfilets darauf anrichten.

Seeteufel im Wasabi-Honig-Mantel
mit gebratenen Pfifferlingen in Kürbiskernöl

von Sohyi Kim

Zutaten für 4 Personen

Für den Seeteufel:

1 Eigelb
100 g Tempura-Mehl
4 Seeteufelfilets (à 140 g;
ohne Knochen und Haut)
Salz
50 g Panko (asiat. Paniermehl)
50 ml Öl

Für die Pfifferlinge:

400 g Pfifferlinge
2 Schalotten
2 Knoblauchzehen
1 haselnussgroßes Stück Ingwer
2 EL Öl · 1/2 EL Zucker
2 EL Sojasauce
4 EL alter Aceto balsamico
4 EL Kürbiskernöl

Für die Wasabi-Honig-Sauce:

1 EL Wasabipulver
(aus dem Asienladen)
Saft von 1 Zitrone
100 ml Blütenhonig · Salz

Außerdem:

4 EL ungesalzene, gehackte
Pistazien

1 Den Backofen auf 100 °C vorheizen. Für den Seeteufel das Eigelb mit etwas kaltem Wasser verquirlen. Zwei Drittel des Tempura-Mehls unterrühren. Die Seeteufelfilets waschen, trocken tupfen, mit Salz würzen und im restlichen Tempura-Mehl wälzen. Den Fisch durch den Teig ziehen und mit dem Panko panieren.

2 Das Öl in einer tiefen Pfanne auf 160 °C erhitzen. Die Fischfilets im heißen Fett goldbraun ausbacken und im Ofen warm halten.

3 Für die Pfifferlinge die Pilze putzen und trocken abreiben. Schalotten, Knoblauch und Ingwer schälen und in feine Würfel schneiden. Das Öl in einer Pfanne erhitzen und die Schalotten darin andünsten. Mit dem Zucker bestreuen und hell karamellisieren. Mit der Sojasauce ablöschen, den Knoblauch und Ingwer dazugeben und 1 Minute in der Pfanne ziehen lassen. Die Pfifferlinge hinzufügen, kurz anbraten und mit dem Essig abschmecken. Kurz vor dem Servieren das Kürbiskernöl unter die Pfifferlinge mischen.

4 Für die Wasabi-Honig-Sauce das Wasabipulver mit etwas Wasser zu einer Paste verrühren und 10 Minuten ziehen lassen. Mit dem Zitronensaft sowie dem Honig verrühren und mit etwas Salz abschmecken.

5 Die Pfifferlinge auf Teller verteilen. Den Seeteufel auf dem Pilzbett anrichten, mit der Wasabi-Honig-Sauce beträufeln und mit gehackten Pistazien bestreuen. Nach Belieben mit feinen Chiliwürfeln garnieren.

Dorade auf Kichererbsenpüree
mit Garnelen und Pampelmusen

von Chakall

Zutaten für 4 Personen

Für das Kichererbsenpüree:

450 g Kichererbsen
(aus der Dose)
4 Knoblauchzehen
4 EL Olivenöl
3 EL Limettensaft
50 g Butter
8 Eiswürfel
Salz · Pfeffer aus der Mühle

Für die Dorade:

4 Doradenfilets (à ca. 100 g)
2 EL Limettensaft
8 getrocknete Pflaumen
1 Knoblauchzehe
1 EL gehackter Koriander
7 EL Olivenöl · Salz
4 EL Panko (asiat. Paniermehl)

**Für die Garnelen-
Pampelmusen-Beilage:**

12 große Garnelen (küchenfertig; geschält, ohne Kopf)
Salz · 2 Pampelmusen
2 Schalotten · 1 Knoblauchzehe
1 haselnussgroßes Stück Ingwer
8 getrocknete Tomaten (in Öl)
4 TL Olivenöl
1 TL gemahlener Kreuzkümmel
1 TL Paprikapulver (edelsüß)
1 EL gehackter Koriander
1 EL Limettensaft
8 Eiswürfel

1 Für das Püree die Kichererbsen auf einem Sieb abtropfen lassen. Den Knoblauch schälen und fein würfeln. Kichererbsen, Knoblauch, Olivenöl, Limettensaft und Butter erhitzen, aber nicht kochen lassen. Die heiße Masse im Küchenmixer pürieren, nach und nach die Eiswürfel dazugeben und untermixen. Das Püree je nach Geschmack mit Salz und Pfeffer abschmecken.

2 Den Backofen auf 185 °C vorheizen. Die Doradenfilets waschen und trocken tupfen. Mit dem Limettensaft beträufeln und 1 Stunde ziehen lassen. Die Pflaumen entkernen. Den Knoblauch schälen und in feine Würfel schneiden. Die Pflaumen mit dem Knoblauch pürieren und den Koriander, 6 EL Olivenöl und 1 Prise Salz unterrühren. Diese Masse mit dem Panko mischen. Ein Backblech mit dem restlichen Öl einfetten. Den Fisch darauflegen und etwa 1 cm dick mit der Pflaumenmischung bestreichen. Die Doradenfilets im Ofen auf der mittleren Schiene etwa 12 Minuten garen.

3 Für die Beilage die Garnelen in Salzwasser 3 Minuten kochen und in Eiswasser abschrecken. Die Pampelmusen so großzügig schälen, dass auch die weiße Haut mit entfernt wird. Die Filets aus den Trennhäuten schneiden. Die Schalotten und den Knoblauch schälen und in feine Würfel schneiden. Den Ingwer schälen und fein reiben. Die Tomaten auf Küchenpapier abtropfen lassen. Die Schalotten- und Knoblauchwürfel mit Ingwer, Tomaten, Olivenöl, Kreuzkümmel, Paprikapulver, Koriander, Limettensaft und den Eiswürfeln im Küchenmixer zu einem Dressing pürieren.

4 Das Kichererbsenpüree auf Teller verteilen und jeweils 1 Doradenfilet daraufsetzen. Die Pampelmusenfilets abwechselnd mit den Garnelen daneben anrichten, mit dem Dressing beträufeln und nach Belieben mit frischem Koriander garniert servieren.

Krosse Dorade
auf Chorizo, Pimientos und Kartoffeln
von Mario Kotaska

Zutaten für 4 Personen

Für die Kartoffeln:

12 kleine neue Kartoffeln

Salz · 2 Lorbeerblätter

1 EL Olivenöl

4 Zweige Rosmarin

Fleur de Sel

*Für die Chorizo und die
Sauce:*

*150 g weiche Chorizo
(span. Paprikawurst; am Stück)*

3 EL Olivenöl

200 ml trockener Weißwein

5 cl Wermut (z.B. Noilly Prat)

4 Schalotten

2 Knoblauchzehen

½ TL Korianderkörner

1 Sternanis · 1 Lorbeerblatt

200 g Sahne · 1 Prise Zucker

Für die Beilagen:

8 Cocktailtomaten (am Zweig)

*12 Pimientos de Padrón
(span. Minipaprika)*

2 EL Olivenöl · Fleur de Sel

½ Bund Basilikum

½ l Öl zum Frittieren

Für die Dorade:

*4 Doradenfilets (à 80 g;
mit Haut)*

Salz · Pfeffer aus der Mühle

2 Zweige Thymian

1 Knoblauchzehe

1 EL Mehl · 2 EL Olivenöl

1 EL Butter

1 Die Kartoffeln gründlich waschen und in der Schale in Salzwasser mit den Lorbeerblättern weich garen. Die Kartoffeln abgießen, kurz ausdampfen lassen, vierteln und im Olivenöl goldbraun anbraten. Den Rosmarin waschen, trocken schütteln, die Nadeln von den Zweigen streifen und fein hacken. Die Kartoffeln mit dem Rosmarin bestreuen und mit Fleur de Sel würzen. Den Backofen auf 120 °C vorheizen.

2 Die Chorizo in Würfel schneiden und in 1 EL heißem Olivenöl bei schwacher Hitze andünsten. Mit je 1 kleinen Schuss Wein und Wermut ablöschen und kurz einköcheln lassen.

3 Für die Sauce die Schalotten und den Knoblauch schälen und in feine Würfel schneiden. Das übrige Olivenöl in einem Topf erhitzen und die Schalotten und den Knoblauch darin mit den Chorizowürfeln, den Korianderkörnern, dem Sternanis und dem Lorbeerblatt andünsten. Mit dem restlichen Wein und Wermut ablöschen und auf die Hälfte einköcheln lassen. Die Sauce durch ein feines Sieb in einen Topf gießen, dann die Sahne mit dem Stabmixer unterrühren und die Sauce mit etwas Zucker abrunden.

4 Für die Beilagen die Cocktailtomaten am Stielansatz einritzen und auf dem Backblech im Ofen etwa 15 Minuten trocknen. Die Pimientos waschen, und gut trocken tupfen. Das Olivenöl in einer Pfanne erhitzen und die Pimientos darin etwa 5 Minuten braten. Auf Küchenpapier abtropfen lassen und mit Fleur de Sel würzen. Das Basilikum waschen, trocken tupfen und die Blätter abzupfen. Das Öl auf 160 °C erhitzen und die Basilikumblätter zwischen zwei Suppenkellen darin 10 Sekunden frittieren. Auf Küchenpapier abtropfen lassen und unmittelbar vor dem Servieren mit Fleur de Sel würzen.

5 Die Doradenfilets waschen, trocken tupfen und mit Salz und Pfeffer würzen. Den Thymian waschen und trocken tupfen. Den Knoblauch schälen und leicht andrücken. Die Hautseite der Fischfilets leicht mit Mehl bestäuben. Das Olivenöl in einer Pfanne erhitzen und die Filets darin auf der Hautseite etwa 3 Minuten kross braten. Kurz vor Ende der Garzeit die Butter, den Knoblauch und den Thymian dazugeben.

6 Die gebratenen Kartoffelspalten mit der Chorizo mischen und in der Mitte der Teller anrichten. Mit der aufgeschäumten Sauce überziehen, die Pimientos de Padrón und die Cocktailtomaten darum herum verteilen. Die krossen Doradenfilets darauf anrichten und mit den frittierten Basilikumblättern garniert servieren.

Fisch-Sandwich
mit Avocadodip und Salsa verde

von Steffen Henssler

Zutaten für 4 Personen

Für den Avocadodip:

1 kleine Chilischote

2 reife Avocados

5 EL Zitronensaft

1 TL scharfe Chilisauce

5 EL Crème fraîche

Salz · Pfeffer aus der Mühle

Für die Salsa verde:

1 große Knoblauchzehe

1 kleine grüne Chilischote

400 g Salatgurke

1 Bund Petersilie

(oder Koriander)

Salz · Pfeffer aus der Mühle

6 EL Limettensaft

100 ml Olivenöl

Für das Fisch-Sandwich:

6 EL Mayonnaise

Saft und abgeriebene Schale

von ½ unbehandelten Limette

5 Stiele Koriander

½ Mango · 2 Tomaten

½ Salatgurke

½ Kästchen Gartenkresse

350 g Seelachsfilet

½ Zwiebel

½ rote Chilischote

40 g Semmelbrösel

50 g Sahne · 1 Ei

Salz

5 EL Öl

4 TL Butter

4 Scheiben Tramezzini-Brot

1 Für den Avocadodip die Chilischote längs halbieren, entkernen, waschen und in kleine Würfel schneiden. Die Avocados halbieren und den Stein entfernen. Avocado schälen, in Stücke schneiden und durch ein feines Sieb streichen. Mit der Chilischote, dem Zitronensaft, der Chilisauce und der Crème fraîche verrühren. Den Dip mit Salz und Pfeffer abschmecken.

2 Für die Salsa verde den Knoblauch schälen. Die Chilischote längs halbieren, entkernen und waschen. Chilischote und Knoblauch in feine Würfel schneiden. Die Gurke schälen und in Würfel schneiden. Die Petersilie waschen, trocken schütteln, die Blätter abzupfen. Alle vorbereiteten Zutaten mit 1½ EL Salz, 1 TL Pfeffer und dem Limettensaft mit dem Stabmixer mittelfein pürieren. Zum Schluss das Olivenöl untermixen.

3 Für das Fisch-Sandwich die Mayonnaise mit je 1 TL Limettensaft und -schale verrühren. Den Koriander waschen, trocken schütteln, die Blätter abzupfen und fein hacken, unter die Mayonnaise mischen und kühl stellen. Die Mango schälen, das Fruchtfleisch auf der flachen Seite vom Kern schneiden und in dünne Scheiben schneiden. Die Tomaten waschen und den Stielansatz entfernen. Die Gurke schälen. Beides in dünne Scheiben schneiden. Die Kresse vom Beet abschneiden, waschen und trocken tupfen.

4 Das Seelachsfilet waschen, trocken tupfen und in grobe Stücke schneiden. Die Zwiebel schälen, die Chilischote längs halbieren, entkernen und waschen. Beides in kleine Würfel schneiden und mit dem Fisch, den Semmelbröseln, der Sahne und dem Ei im Blitzhacker oder mit dem Stabmixer mit 1 Spritzer Limettensaft und Salz gewürzt zu einer feinen Masse pürieren. Daraus mit angefeuchteten Händen 4 flache Frikadellen formen. Das Öl in einer großen Pfanne erhitzen und die Frikadellen darin bei mittlerer Hitze auf beiden Seite etwa 3 Minuten braten. Auf Küchenpapier abtropfen lassen.

5 Die Pfanne mit Küchenpapier austupfen und die Butter darin erhitzen. Die Tramezzini-Scheiben halbieren, darin auf einer Seite goldbraun rösten und herausnehmen. Auf 4 Hälften die Mangoscheiben verteilen, mit je 1 Fischfrikadelle, Tomaten- und Gurkenscheiben belegen. 1 Klecks Mayonnaise daraufgeben und mit der Kresse bestreuen. Mit den restlichen 4 Toastscheiben abdecken und mit kleinen Holzstäbchen fixieren.

6 Die Fisch-Sandwiches auf einem Teller anrichten und mit dem Avocadodip servieren. Die Salsa verde nach Belieben mit hellem Sesam bestreuen und ebenfalls dazu reichen.

Blackened Catfish
mit Maque Choux

von Kolja Kleeberg

Zutaten für 4 Personen

Für die Cajun-Gewürzmischung:

1/2 kleine Zwiebel

1 Knoblauchzehe

2 EL Paprikapulver (edelsüß)

1 EL getrockneter Oregano

1 EL getrockneter Thymian

1 EL Cayennepfeffer

je 1 TL schwarzer und weißer
Pfeffer aus der Mühle

Für die Maque Choux:

6 Maiskolben (ersatzweise
400 g tiefgekühlter Mais)

Zucker · Salz

1 Zwiebel

1 rote Paprikaschote

1 Stange Staudensellerie

1 EL Butter

100 g Sahne

3–4 Tomaten

Pfeffer aus der Mühle

Tabasco

1 Zweig Thymian

1 Bund Petersilie

1 Bund Basilikum

Für den Catfish:

4 Catfishfilets
(Welsfilets; à 150 g)

Salz

3 EL geklärte flüssige Butter

1 Für die Cajun-Gewürzmischung die Zwiebel und den Knoblauch schälen und in sehr feine Würfel schneiden. Die Gewürze in einem Mörser fein zerstoßen und mit der Zwiebel und dem Knoblauch mischen.

2 Für die Maque Choux (südamerikanisches Maisgericht) die Maiskolben putzen, waschen und mit 1 Prise Zucker und Salz in kochendem Wasser bei schwacher Hitze etwa 20 Minuten garen. Die Zwiebel schälen, die Paprikaschote längs halbieren, entkernen und waschen. Den Sellerie putzen und waschen. Die Zwiebel, die Paprika und den Sellerie in kleine Würfel schneiden. Die Butter in einem Topf erhitzen und die Gemüsewürfel darin bei mittlerer Hitze andünsten.

3 Inzwischen die Maiskörner von den Kolben schneiden und zum Gemüse geben. Nach und nach die Sahne angießen und das Gemüse 10 bis 15 Minuten garen. Die Tomaten kreuzweise einritzen, überbrühen, häuten, entkernen und in Würfel schneiden. Unter das Gemüse mischen und mit Salz, Pfeffer und 1 Spritzer Tabasco abschmecken. Die Kräuter waschen und trocken schütteln. Die Blätter abzupfen, klein schneiden und kurz vor dem Servieren die Kräuter unter das Gemüse mischen.

4 Die Welsfilets waschen und trocken tupfen, mit Salz würzen und in etwas flüssiger Butter wenden. Eine gusseiserne Pfanne sehr stark erhitzen. Die Fischfilets in der Cajun-Gewürzmischung wälzen und in die Pfanne legen. Etwas geklärte Butter dazugießen und die Filets auf beiden Seiten etwa 2 Minuten braten, beiseitestellen und kurz ruhen lassen. Die Maque Choux auf Teller verteilen und den Blackened Catfish darauf angerichtet servieren.

Nordseesteinbutt
mit weißem Spargel und altem Aceto balsamico
von Cornelia Poletto

Zutaten für 4 Personen

Für den Spargel:

28 Stangen weißer Spargel
(ca. 1 1/2 kg)
3 EL Butter
Fleur de Sel
1 TL Puderzucker

Für den Steinbutt:

1 Steinbutt (ca. 1,6 kg;
küchenfertig)
4 Zweige Thymian
4 Stiele Petersilie
225 g Butter
Fleur de Sel
Pfeffer aus der Mühle
2 EL Olivenöl
1–2 EL alter Aceto balsamico
4 Stiele frischer Kerbel und
Wildkräuter zum Garnieren

Markus Lanz

» Der nussige Geschmack der braunen Butter entsteht durch das Karamellisieren des Milchzuckers. «

1 Für den Spargel den Backofen auf 160 °C vorheizen. Den Spargel schälen und die holzigen Enden entfernen. Die Stangen nebeneinander auf ein Backblech legen. 2 EL Butter zerlassen und über den Spargel träufeln. Mit Fleur de Sel und wenig Puderzucker würzen. Den Spargel mit Alufolie abgedeckt im Ofen auf der mittleren Schiene 30 bis 40 Minuten garen. (Die exakte Gardauer ist von der Dicke der Spargelstangen abhängig. Deshalb nach 30 Minuten die Stangen das erste Mal kontrollieren.) Sobald der Spargel gar ist, aus dem Backofen nehmen und beiseitestellen.

2 Die Backofentemperatur auf 85 °C reduzieren. Für den Steinbutt den Fisch innen und außen gründlich waschen und trocken tupfen. Den Thymian und die Petersilie waschen und trocken schütteln. Die Blätter abzupfen und fein hacken.

3 Die Butter zu »Nussbutter« oder »brauner Butter« bräunen. Dazu 200 g Butter in einem kleinen Topf bei mittlerer Hitze langsam zerlassen, bis sie goldbraun ist und leicht nussig riecht. Den Topf vom Herd nehmen und die Flüssigkeit durch ein mit einem Küchentuch oder Kaffeefilter ausgelegtes Sieb gießen.

4 Den Steinbutt mit den Thymianzweigen und der restlichen Butter füllen, von beiden Seiten mit Fleur de Sel und Pfeffer würzen. Den Fisch mit dem Olivenöl beträufeln, auf ein Backblech legen und im Ofen auf der mittleren Schiene etwa 60 Minuten garen.

5 Die restliche Butter in einer Pfanne erhitzen und den Spargel darin kurz bei mittlerer Hitze nachbraten. Den gegarten Steinbutt filetieren. Die gehackte Petersilie mit der Nussbutter mischen und den Essig untermischen. Den Kerbel und die Wildkräuter waschen und trocken schütteln. Die Kerbelblätter abzupfen und fein hacken.

6 Die Spargelstangen auf vorgewärmten Tellern anrichten. Die ausgelösten Fischfilets daraufsetzen. Den Spargel großzügig mit der Nussbutter beträufeln und den Nordseesteinbutt mit frisch gehacktem Kerbel bestreut und mit den Wildkräutern garniert servieren.

Fleisch
& Geflügel

»Es wird mit Recht ein guter Braten gerechnet zu den guten Taten«, schrieb Wilhelm Busch. Die Frage ist nur: Wie gelingt ein guter Braten? Welches Fleisch muss gut durch und welches darf noch blutig sein? Welches Rosa ist das richtige Rosa? Das dunklere? Oder doch das hellere? Und was ist mit dem berühmten Drucktest am Daumen? Muss das Fleisch elastisch zurückschwingen wie beim Druck auf den Daumenballen? Oder gibt der Ballen nur Auskunft darüber, ob der Koch ein besonders sinnlicher Liebhaber ist oder nicht, wie mir mal eine esoterisch begabte Dame in einem Interview erzählte? Fleischgerichte führen fast immer zu: Menschen auf der verzweifelten Suche nach dem Garpunkt. Dabei ist es gar nicht so schwer, Sie werden sehen!

Involtini vom Schwarzfederhuhn
mit Parmaschinken

von Cornelia Poletto

Zutaten für 4 Personen

4 Schalotten

2 Knoblauchzehen

4 dickere Scheiben Parma-
schinken (à 10 g)

4 Schwarzfederhuhn-Brustfilets
(à ca. 200 g)

1 EL Butter

4 Zweige Thymian

Pfeffer aus der Mühle · Salz

20 dünne Scheiben Parma-
schinken (ca. 150 g)

3 EL Olivenöl

50 ml Weißwein

100 ml dunkler Geflügel- oder
Kalbsfond

2 EL schwarze Taggiasca-Oliven

1 Den Backofen auf 160 °C vorheizen. Die Schalotten und den Knoblauch schälen und in feine Würfel schneiden. Die 4 dickeren Scheiben Parmaschinken ebenfalls in kleine Stücke schneiden. Das Hähnchenbrustfilet waschen, trocken tupfen und zwischen zwei Lagen Frischhaltefolie leicht flach klopfen. Die Butter in einer Pfanne erhitzen und darin zuerst die Schinkenstücke bei mittlerer Hitze anbraten, dann die Schalotten und den Knoblauch dazugeben und 2 bis 3 Minuten andünsten.

2 Den Thymian waschen und trocken schütteln. Die Blättchen von 2 Zweigen abzupfen, fein hacken, unter die Schalotten und den Schinken mischen und mit Pfeffer würzen. Die Hähnchenbrustfilets leicht mit Salz und Pfeffer würzen. Die Schinkenfüllung gleichmäßig auf dem Fleisch verteilen. Die Hähnchenbrustfilets von der spitz zulaufenden Seite her aufrollen. Jeweils 4 bis 5 Scheiben Parmaschinken nebeneinanderlegen und die Involtini darin einwickeln. Eventuell überstehende Enden abschneiden.

3 In einer ofenfesten Pfanne 2 EL Olivenöl erhitzen und das Fleisch darin mit den restlichen Thymianzweigen rundum anbraten. Im Ofen auf der mittleren Schiene etwa 4 bis 6 Minuten fertig garen und abschließend noch etwa 5 Minuten ruhen lassen.

4 Währenddessen den Bratsatz in der Pfanne mit dem Wein ablöschen, kurz einkochen lassen und den Fond angießen. Die Flüssigkeit auf etwa die Hälfte einköcheln lassen. Die Oliven und das restliche Olivenöl dazugeben und die Sauce mit Salz und Pfeffer abschmecken.

5 Die Involtini schräg halbieren, auf Tellern anrichten und mit der Sauce beträufeln. Dazu passt gut ein Bohnengemüse.

Markus Lanz

» ›Involtino‹ ist nichts anderes als der italienische Begriff für ›Roulade‹: Schmeckt genauso lecker wie die deutsche, klingt aber irgendwie besser. Und diese von Cornelia Poletto ganz besonders! «

Huhn »Za'tar«

mit Fadennudel-Reis, Joghurt und Berberitzen

von Kolja Kleeberg

Zutaten für 4 Personen

4 Hähnchenkeulen
100 ml Olivenöl
4 EL Za'tar-Gewürzmischung
(aus dem Gewürzladen; s. u.)
2 Zwiebeln
1 Lorbeerblatt
1 TL gemahlene Kurkuma
1 Döschen Safranfäden (0,1 g)
200 ml Geflügelfond
200 g Basmatireis
30 g Fadennudeln
Salz
2 EL Butterschmalz
100 g getrocknete Berberitzen
(aus dem Reformhaus)
2 EL brauner Zucker
1/2 Zimtstange
100 ml Naturjoghurt
2 EL gehackte Pistazien

Markus Lanz

» Za'tar ist eine wunderbare Gewürzmischung aus Nordafrika: Thymian, gerösteter heller Sesam, Salz, Sumach – Essigbaumgewürz – und manchmal auch Oregano. Die Afrikaner rühren es mit Olivenöl häufig zu einer Paste und bestreichen damit vor dem Backen das Fladenbrot. Schmeckt aber auch zu gebratenem oder gegrilltem Fisch und Fleisch in Joghurtsaucen ausgezeichnet. «

1 Die Hähnchenkeulen waschen und trocken tupfen. Die Schenkel an den Gelenken teilen und die Knochen auslösen. Dazu das Fleisch mit einem sehr scharfen, spitzen Messer zunächst am Knochen entlang einschneiden, dann das Messer unter den Knochen führen und den Knochen dabei herauslösen. In einer Pfanne 2 EL Olivenöl erhitzen und das Fleisch darin auf beiden Seiten anbraten. Die Za'tar-Gewürzmischung mit 2 EL Olivenöl zu einer Paste verrühren. Das Fleisch aus der Pfanne nehmen und nicht zu dick mit der Würzpaste bestreichen.

2 Die Zwiebeln schälen und in feine Würfel schneiden. In einem großen Topf 2 EL Olivenöl erhitzen, die Zwiebeln darin andünsten und das Hähnchenfleisch darauflegen. Lorbeerblatt, Kurkuma und Safran dazugeben, den Fond angießen und das Fleisch zugedeckt 30 bis 40 Minuten schmoren.

3 Inzwischen den Reis in einem Sieb gründlich mit kaltem Wasser abbrausen und abtropfen lassen. In einem Topf 2 EL Olivenöl erhitzen und die Fadennudeln darin goldbraun braten. Das überschüssige Öl abgießen. Den Reis dazugeben und kurz andünsten. 400 ml heißes Wasser und 1 Prise Salz hinzufügen. Den Reis aufkochen und zugedeckt bei schwacher Hitze etwa 15 Minuten ausquellen lassen.

4 Das Butterschmalz in einem Topf erhitzen. Die Berberitzen kurz darin andünsten, den braunen Zucker dazugeben und bei mittlerer Hitze leicht karamellisieren. Etwas Schmorfond angießen, den Zimt dazugeben und 1 bis 2 Minuten köcheln lassen. Die Berberitzen unter den fertigen Reis mischen. Den Joghurt mit 1 Prise Salz glatt rühren.

5 Den Fadennudel-Reis auf Teller verteilen, jeweils 1 Stück Hähnchenkeulenfleisch im Schmorfond daneben anrichten und das Huhn »Za'tar« mit 1 Klecks Joghurt und Pistazien bestreut servieren.

Paprika-Basilikum-Hähnchen
auf Rahmkohlrabi

von Stefan Marquard

Zutaten für 4 Personen

Für den Rahmkohlrabi:

2 Kohlrabi

Salz · Zucker

1 EL Butter

50 g Sahne

Für das Paprika-Basilikum-Hähnchen:

1 kleine rote Paprikaschote

1 kleine gelbe Paprikaschote

1 Zweig Rosmarin

2 Zweige Thymian

1 Bund kleinblättriges Basilikum

1 Knoblauchzehe

8 Scheiben Chorizo (span. Paprikawurst)

4 Maispoularden-Brustfilets (à ca. 300 g; mit Haut)

Salz · Pfeffer aus der Mühle

Zucker

2 EL Öl

1 EL Olivenöl

1 EL Butter

1 Für den Rahmkohlrabi die Kohlrabi waschen, die Blättchen abschneiden und klein schneiden. Die Kohlrabi schälen, vierteln und die Viertel in dünne Scheiben schneiden. Den Kohlrabi in einen Topf geben, mit Salz und 1 Prise Zucker würzen. Nach 6 bis 8 Minuten die Butter in kleinen Stückchen dazugeben und den Kohlrabi zugedeckt bei mittlerer Hitze 6 bis 7 Minuten im eigenen Saft garen. Die Sahne angießen und die Kohlrabiblätter dazugeben.

2 Den Backofen auf 160 °C vorheizen. Ein Ofengitter auf die mittlere Schiene und darunter ein Abtropfblech schieben. Für das Paprika-Basilikum-Hähnchen die Paprikaschoten längs halbieren, entkernen, waschen und mit dem Sparschäler in etwa 1 mm dicke Streifen schneiden. Den Rosmarin, den Thymian und das Basilikum waschen und trocken schütteln. Den Knoblauch schälen. Die Chorizoscheiben vierteln.

3 Die Maispoularden-Brustfilets waschen und trocken tupfen. Die Innenfilets entfernen und zwischen zwei Lagen Frischhaltefolie leicht flach klopfen. Das Fleisch auf die Hautseite legen und schräg etwa 6- bis 7-mal bis auf die Haut hinunter einschneiden. Jeweils 1 roten und gelben Paprikastreifen, 1 kleines Stück Chorizo und 1 Basilikumblatt in die Taschen stecken. Das plattierte Innenfilet darauflegen und die Hähnchenbrüste mit Salz, Pfeffer und 1 Prise Zucker würzen.

4 Das Öl in einer Pfanne erhitzen, das Fleisch darin rundum bei starker Hitze anbraten und auf dem Gitter im Ofen 12 Minuten durchziehen lassen. Das Olivenöl und die Butter in einer Pfanne erhitzen und das Paprika-Basilikum-Hähnchen darin mit dem Rosmarin, dem Thymian und der angedrückten Knoblauchzehe kurz nachbraten. Das Fleisch in Scheiben schneiden.

5 Den Rahmkohlrabi auf Teller verteilen und das Paprika-Basilikum-Hähnchen darauf angerichtet servieren.

Markus Lanz

» Um es mit Stefan Marquard zu sagen: saugutes Hähnchen mit Druck von allen Seiten! Knoblauch, Thymian, Butter, Sahne, Kohlrabi und dazu noch scharfe spanische Wurst – mehr geht nicht. «

Hähnchennuggets
auf Gewürzketchup mit Pfefferkartoffeln
von Alfons Schuhbeck

Für den Gewürzketchup:

1 Zwiebel · 100 ml Olivenöl

150 ml Gemüsebrühe

50 g brauner Zucker

125 g Tomatenmark

150 g Tomaten (aus der Dose)

150 ml Ketchup

1/8 l Ananassaft

1 TL Rosenwasser

2 TL Weißweinessig

25 g Gewürzmischung für

Ketchup (aus dem Gewürzladen)

20 g Salz · milde Chiliflocken

Für den Limettendip:

1 unbehandelte Limette

100 g Crème fraîche

4–5 EL Sahne

Zucker · Chilisalz

Für die Pfefferkartoffeln:

500 g kleine festkochende Kartoffeln · Salz · 1 TL ganzer Kümmel · 1 EL braune Butter (siehe S. 103, Schritt 3) gemahlener Kümmel · Majoran Grillpfeffer · 1 EL Butter

Für die Hähnchennuggets:

1/2 unbehandelte Zitrone

2 Eier · 1 EL Dijon-Senf

frisch geriebene Muskatnuss

80 g doppelgriffiges Mehl

100 g Weißbrotbrösel

4 Hähnchenbrustfilets

(à 120 g; ohne Haut)

Salz · Pfeffer aus der Mühle

ca. 200 ml Öl

1 Für den Gewürzketchup die Zwiebel schälen und in feine Würfel schneiden. In einer Pfanne 1 EL Olivenöl erhitzen und die Zwiebel darin bei schwacher Hitze goldbraun dünsten. Die Brühe angießen und beiseitestellen. Den Zucker in einem Topf bei schwacher Hitze karamellisieren, das Tomatenmark dazugeben und unter Rühren kurz anrösten. Alle Ketchupzutaten bis auf das restliche Olivenöl und die Chiliflocken hinzufügen, einmal aufkochen lassen und den Topf vom Herd nehmen. Das restliche Olivenöl mit dem Stabmixer unter den Ketchup rühren und mit den Chiliflocken würzen.

2 Für den Limettendip die Limette heiß waschen und trocken reiben. Die Schale abreiben und den Saft auspressen. Die Crème fraîche mit der Sahne, dem Limettensaft und der Limettenschale glatt rühren. Mit 1 Prise Zucker und Chilisalz würzen.

3 Für die Pfefferkartoffeln die Kartoffeln gründlich waschen und in der Schale in Salzwasser mit den ganzen Kümmelsamen weich garen. Abgießen, ausdampfen lassen und halbieren. Die braune Butter in einer Pfanne erhitzen und die Kartoffelhälften darin bei mittlerer Hitze goldbraun braten. Mit je 1 Prise gemahlenem Kümmel, Majoran, Salz und Grillpfeffer würzen. Zuletzt die Butter dazugeben und darin schmelzen lassen.

4 Für die Hähnchennuggets die Zitrone heiß waschen, trocken reiben und die Schale abreiben. Die Eier in einem tiefen Teller verquirlen und Senf, Zitronenschale und etwas Muskatnuss unterrühren. Das Mehl und die Weißbrotbrösel jeweils in einen tiefen Teller geben. Das Fleisch waschen, trocken tupfen und schräg in je 4 Scheiben schneiden. Die Fleischstücke mit Salz und Pfeffer würzen, in Mehl wenden, durch das verquirlte Ei ziehen und mit den Weißbrotbröseln panieren. Die Panade dabei nicht fest andrücken. In eine Pfanne etwa 2 cm hoch Öl gießen und bei mittlerer Temperatur erhitzen. Die panierten Hähnchenstücke darin auf beiden Seiten etwa 8 Minuten goldbraun ausbacken. Die Nuggets mit dem Schaumlöffel herausnehmen und kurz auf Küchenpapier abtropfen lassen.

5 Die Hähnchennuggets in einer Schüssel angerichtet servieren. Den Gewürzketchup, die Pfefferkartoffeln und den Limettendip jeweils separat dazu reichen.

Coq au vin rouge
mit Schalotten und Champignons

von Lea Linster

Zutaten für 4 Personen

1 Poularde (ca. 1,6 kg; küchenfertig)

Salz · Pfeffer aus der Mühle

12 Schalotten

125 g durchwachsener Speck

3 EL weiche Butter

2 EL Öl

5 EL Cognac

2 Knoblauchzehen

¼ l Rotwein

1 Bouquet garni (Lorbeerblatt, Sellerie, Lauch, Thymian, Petersilie)

200 g kleine weiße Champignons

3 Stiele Petersilie

1 TL Mehl

30 g eiskalte Butter

1 Die Poularde innen und außen gründlich waschen, trocken tupfen und in 6 Teile (Brüste, Keulen und Flügel) zerlegen. Das Fleisch rundum mit Salz und Pfeffer würzen. Die Schalotten schälen, den Speck in feine Streifen schneiden. In einem großen Topf oder Bräter 1 EL Butter und das Öl erhitzen und die Schalotten darin goldbraun andünsten. Den Speck hinzufügen und anbraten. Schalotten und Speck aus der Pfanne nehmen und beiseitestellen.

2 Die Geflügelteile im verbliebenen Fett in der Pfanne rundum kräftig anbraten. Zum Flambieren den Cognac in eine hitzebeständige Suppenkelle geben, anzünden und über die Geflügelteile gießen. Den Knoblauch schälen. Die Hälfte des Weins angießen, das Bouquet garni und den Knoblauch hinzufügen und zugedeckt bei schwacher Hitze 20 Minuten köcheln lassen. Den restlichen Wein dazugeben und zugedeckt weitere 20 Minuten garen.

3 Die Champignons putzen und, falls nötig, mit Küchenpapier trocken abreiben und die Stiele abschneiden. In einer Pfanne 1 EL Butter erhitzen, die Pilze darin anbraten und mit Salz und Pfeffer würzen. Die Petersilie waschen, trocken schütteln, die Blätter abzupfen und fein hacken. Eine tiefe Servierplatte vorwärmen.

4 Nach Garzeitende die Poulardenteile aus dem Topf nehmen und auf die vorgewärmte Platte legen. Das Mehl mit der restlichen weichen Butter verkneten und nach und nach unter die Rotweinsauce rühren, bis diese sämig bindet. Die Sauce mit Salz und Pfeffer abschmecken und durch ein Sieb passieren. Die eiskalte Butter in Stückchen unterrühren, die Speckzwiebeln und die Champignons dazugeben und alles noch einmal aufkochen lassen.

5 Die Geflügelteile auf der Platte mit der Sauce begießen und das Coq au vin rouge mit der Petersilie bestreut servieren. Dazu passt frisches Weißbrot.

Markus Lanz

» Es hat einen Moment gedauert, bis auch ich begriffen hatte, dass man ›Kokowääh‹ nicht nur gucken, sondern auch essen kann. Gut, dass Lea Linster, die Meisterin der feinen Saucen, immer wieder die Klassiker der französischen Küche auf die Karte und zurück ins Bewusstsein holt. «

Panierte Honigente
mit Chilisauce und Maronenpüree

von Chakall

Zutaten für 4 Personen

Für die Chilisauce:

1 rote Chilischote

1 Knoblauchzehe

4 Stiele Koriander

Saft von 1 Limette

4 EL Olivenöl

Salz

grüner Pfeffer aus der Mühle

Für das Maronenpüree:

1 Kartoffel

2 Stangen Staudensellerie

200 g Maronen (vorgegart)

Salz

2 Kardamomkapseln

100 g Sahne · 100 ml Milch

50 g Mehl

50 g Butter

1 TL Rosa Pfefferkörner

Für die Honigente:

2 Barbarie-Entenbrustfilets

(à ca. 300 g)

1–2 Eier (100 g)

2 EL Honig

1 EL gehackte Korianderblätter

Salz

100 g Panko

(asiat. Paniermehl)

3 EL Olivenöl

1 Für die Chilisauce die Chilischote längs halbieren, entkernen, waschen und in Würfel schneiden. Den Knoblauch schälen. Den Koriander waschen, trocken schütteln und die Blätter abzupfen. Chili, Knoblauch und Koriander mit dem Limettensaft und 1 EL Olivenöl im Mixer oder mit dem Pürierstab mixen und mit Salz und grünem Pfeffer würzen. Dann das restliche Olivenöl unter den Dip rühren.

2 Für das Maronenpüree die Kartoffel schälen und waschen. Den Sellerie putzen, waschen und mit der Kartoffel in kleine Würfel schneiden. Die Kartoffel, den Sellerie und die Maronen in Salzwasser mit den Kardamomkapseln etwa 15 Minuten weich garen.

3 Inzwischen für die Honigente die Entenbrustfilets waschen und trocken tupfen. Die Eier, den Honig, den Koriander und 1 Prise Salz in einen tiefen Teller geben und gut verquirlen. Das Panko ebenfalls in einen tiefen Teller geben. Die Entenbrustfilets in 1 cm dicke Scheiben schneiden und mit etwas Salz würzen. Die Fleischscheiben durch die Eiermasse ziehen und mit dem Panko panieren.

4 Das gegarte Gemüse abgießen und ausdampfen lassen. Die Sahne steif schlagen. Die Kardamomkapseln entfernen und das Gemüse zusammen mit der Milch und dem Mehl im Topf zerstampfen. Die Sahne, die Butter und die Rosa Pfefferkörner unterrühren, das Maronenpüree nochmals erhitzen und mit Salz abschmecken.

5 Das Olivenöl in einer Pfanne erhitzen und das Fleisch darin bei mittlerer Hitze auf beiden Seiten etwa 4 Minuten goldbraun braten.

6 Die panierte Honigente auf Tellern anrichten und das Maronenpüree und die Chilisauce separat dazu reichen.

Markus Lanz

» Honig, Chili: Das ist Ente süßscharf. Klasse Gericht, was vor allem am Paniermehl liegt. Panko ist die Panierentdeckung schlechthin, weil diese asiatischen Brotbrösel den Knuspermoment in ganz neue Dimensionen treibt. «

Entenbrustfilets in Ahornsirup
mit karamellisierten Äpfeln

von Lea Linster

Zutaten für 4 Personen

Für die Entenbrustfilets:

1 unbehandelte Limette
1 walnussgroßes Stück Ingwer
¼ l Ahornsirup
4 Entenbrustfilets (à ca. 180 g)

Für die Sauce:

6 EL Portwein
6 EL Aceto balsamico

Für die Äpfel:

3 Äpfel
2–3 EL geklärte Butter
(ersatzweise Butterschmalz)
1 EL Zucker

1 Für die Entenbrustfilets die Limette heiß waschen und trocken reiben. Von der Schale mit einem Zestenreißer Streifen abziehen. Den Ingwer schälen und fein reiben. Den Ahornsirup mit den Limettenzesten und dem Ingwer in einem Topf erhitzen. Abkühlen lassen, in eine Flasche abfüllen und kühl aufbewahren.

2 Für die Sauce den Portwein und den Essig in einem kleinen Topf auf eine Menge von 3 bis 4 EL sirupartig einkochen lassen und warm halten.

3 Den Backofen auf 180 °C vorheizen. Die Entenbrustfilets waschen und trocken tupfen. Mit einem scharfen Messer die Haut ganz fein rautenförmig einschneiden. Den Ahornsirup in einer ofenfesten Pfanne erhitzen und die Entenbrustfilets darin auf der Hautseite karamellisieren. Das Fleisch ab und zu anheben, damit die Filets im Sirup braten. Die Entenbrustfilets wenden und auf der Fleischseite 1 bis 2 Minuten braten. Die Filets im Ofen auf der mittleren Schiene etwa 8 Minuten fertig garen.

4 Inzwischen für die Äpfel die Äpfel waschen, achteln und entkernen. Die geklärte Butter in einer Pfanne erhitzen und die Apfelstücke mit dem Zucker darin bei mittlerer Hitze etwa 2 Minuten anbraten – sie sollen goldbraun und nicht zu weich werden.

5 Die Entenbrustfilets in Scheiben schneiden und mit den karamellisierten Apfelspalten auf vorgewärmten Tellern anrichten. Mit der Portwein-Balsamico-Sauce beträufelt servieren.

Entenbrust mit krosser Haut,

Dörrobst-Oliven-Chutney und Kartoffelspänen

von Alexander Herrmann

Zutaten für 4 Personen

Für das Chutney:

je 60 g getrocknete Aprikosen
und Apfelscheiben
80 g getrocknete Zwetschgen
4 Zweige Thymian
3 Schalotten · 1 TL Olivenöl
150 ml Rotwein
250 ml Gemüsebrühe
1 Lorbeerblatt
2 EL alter Aceto balsamico
1 EL Tapenade (Olivenpaste)

Für die Entenbrust:

4 Barberie-Entenbrustfilets
(à ca. 180 g)
Fleur de Sel · Pfeffer aus der
Mühle · 1 TL Butter
abgeriebene Schale von
1/2 unbehandelten Orange
1/2 Zimtstange
1 TL geschroteter Pfeffer

Für die Kartoffelspäne:

2 große Kartoffeln
150 g Butterschmalz
Fleur de Sel

Für die Sauce:

250 ml Milch
abgeriebene Schale von
1/2 unbehandelten Orange
Salz · 1/2 TL Ras-el-Hanout

1 Für das Chutney die Aprikosen, die Apfelscheiben und die Zwetschgen in kleine Würfel schneiden. Den Thymian waschen und trocken schütteln. Die Schalotten schälen und in feine Würfel schneiden. Das Olivenöl in einem Topf erhitzen und die Schalotten darin andünsten. Den Wein und die Brühe angießen und alles aufkochen lassen. Das Obst, das Lorbeerblatt und den Thymian hinzufügen und das Dörrobst zugedeckt bei schwacher Hitze 10 Minuten quellen lassen. Mit dem Essig und der Tapenade abschmecken. Den Backofen auf 100 °C vorheizen.

2 Für die Entenbrust die Entenbrustfilets waschen, trocken tupfen und mit Fleur de Sel und Pfeffer würzen. Die Entenbrust in einer Pfanne ohne Fett auf der Hautseite etwa 5 Minuten braten. Wenden und auf der Fleischseite kurz anbraten. Die Entenbrustfilets im Ofen auf der mittleren Schiene etwa 30 Minuten rosa fertig garen.

3 Inzwischen für die Kartoffelspäne die Kartoffeln schälen, waschen und mit einem Sparschäler Streifen abziehen. Das Butterschmalz in einer Pfanne erhitzen und die Kartoffelstreifen darin knusprig frittieren. Auf Küchenpapier abtropfen lassen und mit Fleur de Sel würzen.

4 Für die Sauce die Milch mit der Orangenschale und 1 Prise Salz aufkochen und 5 Minuten ziehen lassen. Mit dem Ras-el-Hanout abschmecken und mit dem Stabmixer aufschäumen.

5 Die Ente auf der Hautseite erneut ohne Fett braten, bis die Haut kross ist. Das Fleisch wenden und zum Aromatisieren die Butter, die Orangenschale, den Zimt und den Pfeffer dazugeben und das Fleisch darin 3 bis 5 Minuten ziehen lassen. Die Entenbrustfilets schräg in Scheiben schneiden, mit den Kartoffelspänen auf Tellern anrichten und mit 1 Klecks Dörrobst-Oliven-Chutney garnieren.

Markus Lanz

» Etwas aufwendig – siehe Zutatenliste –, aber: Ente mit mehr Biss habe ich nie gegessen. Grandios! «

Gänsebrust mit Gewürzkruste,
Rotweinkraut und Karamelläpfeln

von Alexander Herrmann

Zutaten für 4 Personen

Für die Gänsebrust:

1 Gänsebrust (ca. 1 kg;
mit Knochen)
Salz · Pfeffer aus der Mühle
200 g Schwarzbrot
80 g weiche Butter
1 TL Lebkuchengewürz
2 Eigelb

Für das Rotweinkraut:

1 Rotkohl
300 ml Rotwein
300 ml Brühe
1/2 geriebener Apfel
1 EL Gänseschmalz

Für die Karamelläpfel:

3 Äpfel
1 EL brauner Zucker
100 ml Apfelsaft
1 EL Butter
Saft und abgeriebene Schale
von 1 unbehandelten Zitrone
Pfeffer aus der Mühle

Markus Lanz

» Ich gebe zu: Die Vorstellung, morgens direkt nach dem Zähneputzen und noch vor dem ersten Kaffee erst einmal ein Stück Gans in den Ofen zu schieben, mag befremdlich wirken, aber gutes Essen braucht nun einmal Zeit. Auch schon vor dem Essen. «

1 Den Backofen auf 70 °C Umluft vorheizen. Für die Gänsebrust das Fleisch waschen und trocken tupfen. Mit Salz und Pfeffer würzen und großzügig in hitzebeständige Frischhaltefolie einwickeln. Das Fleisch auf einem Teller im Ofen 14 Stunden lang garen. Die Gänsebrust herausnehmen und die Backofentemperatur auf 160 °C erhöhen.

2 Für das Rotweinkraut vom Rotkohl die äußeren Blätter entfernen, den Kohl vierteln und den harten Strunk herausschneiden. Den Kohl in feine Streifen schneiden oder hobeln. Mit dem Wein, der Brühe, dem geriebenen Apfel und dem Schmalz in einen Topf geben und mindestens 1 Stunde zu einem sämigen Rotweinkraut einkochen.

3 Das Schwarzbrot in kleine Würfel schneiden. Die Gänsebrust vorsichtig aus der Folie wickeln. Die Haut ablösen und das Fleisch vom Knochen schneiden. Die Hautstücke in feinste Würfel schneiden und mit den Brotwürfeln, der Butter, dem Lebkuchengewürz und den Eigelben zu einer cremigen Masse verrühren. Diese großzügig auf der Gänsebrust verteilen und im Ofen auf einem Gitter (mittlere Schiene) 18 bis 25 Minuten knusprig überbacken.

4 Für die Karamelläpfel die Äpfel waschen, vierteln, entkernen und in Spalten schneiden. In einem kleinen Topf den Zucker karamellisieren und mit dem Apfelsaft ablöschen. Die Butter hinzufügen, die Äpfel hineinlegen, mit etwas Zitronensaft, -schale und Pfeffer würzen und bei kleiner Hitze einköcheln lassen.

5 Das Rotweinkraut auf Teller verteilen, die aufgeschnittene Gänsebrust daraufsetzen und die Karamelläpfel daneben anrichten.

Dreierlei von der Blutwurst
auf Linsensalat

von Nelson Müller

Zutaten für 4 Personen

Für den Linsensalat:
1/2 l Gemüsebrühe
100 g Belugalinsen
100 g rote Linsen
1 mittelgroße Möhre
50 g Knollensellerie
1/2 Stange Lauch
Salz
4 EL Tomatensaft
4 EL Kalbsbrühe
1 EL Ketchup
2–3 EL Aceto balsamico
1/2 TL gemahlener Koriander
Pfeffer aus der Mühle
1 EL Schnittlauchröllchen

Für die Muffins:
50 g Blutwurst
1 Ei · 50 g flüssige Butter
2–3 EL Mehl
1 Apfel
Salz · Pfeffer aus der Mühle

Für den Strudel:
50 g Blutwurst
1 großes Blatt Strudelteig
(aus dem Kühlregal)
20 g flüssige Butter

Für die gebratene Blutwurst:
50 g Blutwurst
1 EL Mehl · 1 EL Öl

Außerdem:
4 Papier-Muffinförmchen

1 Für den Linsensalat die Gemüsebrühe zum Kochen bringen und die Belugalinsen darin bei schwacher Hitze 15 Minuten köcheln lassen. Die roten Linsen hinzufügen und alles zusammen weitere 10 Minuten köcheln lassen. Die Linsen in ein Sieb abgießen, abtropfen und etwas abkühlen lassen. Inzwischen die Möhre und den Sellerie putzen, schälen und in kleine Würfel schneiden. Den Lauch putzen, waschen und den weißen Teil in feine Streifen schneiden. Das Gemüse in kochendem Salzwasser etwa 3 Minuten bissfest blanchieren, kalt abschrecken und auf einem Sieb abtropfen lassen.

2 Die Linsen, das Gemüse, den Tomatensaft und die Kalbsbrühe mit etwas Ketchup mischen und mit dem Essig, dem Koriander, Salz und Pfeffer abschmecken. Zuletzt die Schnittlauchröllchen untermischen. Den Backofen auf 180 °C vorheizen.

3 Für die Muffins die Blutwurst in kleine Stücke schneiden. Das Ei und die Wurst mit der Butter verrühren, das Mehl unterheben. Den Apfel waschen, vierteln, entkernen, in kleine Würfel schneiden und untermischen. Den Teig mit Salz und Pfeffer würzen und in vier Papier-Muffinförmchen füllen.

4 Für den Strudel die Blutwurst in 4 gleichmäßige Streifen schneiden. Den Strudelteig in 10 x 10 cm große Rechtecke schneiden und mit der Butter bestreichen. Die Blutwurststreifen darauflegen und den Teig aufrollen.

5 Die Muffins und den Strudel im Ofen auf der mittleren Schiene 10 Minuten goldbraun backen. Für die gebratene Blutwurst die Blutwurst in 4 Scheiben schneiden, im Mehl wenden und in einer Pfanne im Öl anbraten.

6 Die marinierten Linsen auf Teller verteilen und je 1 Muffin, 1 gebratene Blutwurstscheibe und 1 Strudelstück darauf anrichten.

Schweinefilet
mit Basilikum und Knoblauch gespickt
von Alexander Herrmann

Zutaten für 4 Personen

Für das Schweinefilet:

4 dünne Scheiben
Parmaschinken
1–2 Knoblauchzehen
½ Bund Basilikum
4 Schweinefiletmedaillons
(à 100 g)
Salz · Pfeffer aus der Mühle
1 EL Olivenöl

Für den Spargelsalat:

500 g weißer Spargel
3 Zweige Thymian
300 ml Gemüsebrühe
2 reife Tomaten (gehäutet,
entkernt und gewürfelt)
10 schwarze Oliven (halbiert,
ohne Stein)
1 TL Butter
2 EL Balsamico bianco
3 EL Olivenöl
Salz

1 Den Backofen auf 160 °C Umluft vorheizen. Ein Backblech mit Backpapier auslegen und den Schinken darauf im Ofen etwa 12 Minuten kross rösten. Auskühlen lassen und die Backofentemperatur auf 100 °C reduzieren.

2 Den Knoblauch schälen und in Scheiben schneiden. Das Basilikum waschen, trocken schütteln und die Blätter abzupfen. Mit einem spitzen Messer mehrere Taschen in die Medaillons schneiden und jeweils 1 Basilikumblatt und 1 Knoblauchscheibe hineinstecken. Das Fleisch mit Salz und Pfeffer würzen und in einer ofenfesten Pfanne im heißen Olivenöl auf beiden Seiten anbraten. Im Ofen auf der mittleren Schiene etwa 30 Minuten rosa fertig garen.

3 Den Spargel schälen und die holzigen Enden entfernen. Die Stangen halbieren und mit dem Thymian in der Brühe bei mittlerer Hitze garen. Die Tomaten und die Oliven kurz in der heißen Butter schwenken. Den Spargel herausnehmen und noch warm mit Essig, Olivenöl und Salz marinieren.

4 Den Spargel mit den Oliven und Tomaten auf Teller verteilen, das Schweinefilet darauf anrichten und mit den krossen Schinkenscheiben garnieren.

Markus Lanz

» Ein feines Gericht, das Demut lehrt: Wer Schweinefleisch für minderwertiger hält als Rind, hat Kochkunst gründlich missverstanden. «

Spanferkelbäckchen
mit Meerrettich-Spitzkohl

von Mario Kotaska

Zutaten für 4 Personen

Für die Spanferkelbäckchen:

4 Schalotten

1 Möhre

¼ Sellerieknolle

50 ml Olivenöl

800 g Spanferkelbäckchen

½ l Malzbier

2 gehackte Knoblauchzehen

je 1 TL Wacholderbeeren,
Gewürznelken, Pimentkörner,
ganzer Kümmel

2 Lorbeerblätter

1–2 EL Speisestärke

Für den Spitzkohl:

2 Spitzkohl (600–700 g)

5 EL Butter

¼ l Geflügelfond

Salz · Zucker

frisch geriebene Muskatnuss

1 EL geriebener Meerrettich

abgeriebene Schale von

1 unbehandelten Zitrone

3 EL gehackte Petersilie

2 EL gehackter Estragon

2 EL grober Senf

Außerdem:

4 Scheiben hauchdünnes
Roggenbrot

2 EL Olivenöl

1 Den Backofen auf 180 °C vorheizen. Schalotten, Möhre und Sellerie putzen, schälen und in kleine Würfel schneiden. Das Gemüse in einer ofenfesten Form (mit Deckel) im Olivenöl bei starker Hitze andünsten. Die Bäckchen hinzufügen und mit dem Bier ablöschen. Knoblauch und Gewürze hinzufügen, den Deckel auflegen und das Fleisch im Ofen etwa 50 Minuten schmoren.

2 Den Spitzkohl putzen, waschen, in feine Streifen schneiden und in der Butter andünsten. Den Fond und je 1 Prise Salz, Zucker und Muskatnuss dazugeben und etwa 10 Minuten dünsten. Den Spitzkohl mit Meerrettich, Zitronenschale, Petersilie, Estragon und Senf abschmecken.

3 Die Bäckchen aus der Form nehmen. Das Brot auf ein Backblech legen und mit Olivenöl beträufelt im heißen Ofen etwa 10 Minuten rösten. Den Schmorfond durch ein feines Sieb passieren und etwas einkochen lassen. Die Speisestärke mit wenig Wasser glatt rühren und die Sauce damit leicht binden.

4 Den Spitzkohl auf Teller verteilen. Die Spanferkelbäckchen darauf anrichten und mit der Sauce beträufeln. Die Brotchips dazu reichen.

Penne rigate
mit Salsiccia und Tomaten

von Cornelia Poletto

Zutaten für 4 Personen

4 Salsicce (ital. Bratwurst)
1 EL Olivenöl
1 Zwiebel
1 Knoblauchzehe
200 g Tomatensugo
Meersalz
400 g Penne rigate
1/2 Bund Petersilie
Chilipulver
Pfeffer aus der Mühle
50 g geriebener Pecorino

1 Das Salsicciabrät aus der Haut drücken. Das Olivenöl in einer tiefen Pfanne erhitzen und das Brät unter Rühren etwa 5 Minuten anbraten. Die Zwiebel und den Knoblauch schälen, in feine Würfel schneiden und kurz mitbraten. Das Tomatensugo dazugießen und die Sauce bei mittlerer Hitze kurz aufkochen lassen.

2 Inzwischen in einem großen Topf reichlich Salzwasser zum Kochen bringen und die Penne darin nach Packungsanweisung bissfest garen.

3 Die Petersilie waschen und trocken schütteln. Die Blätter abzupfen und fein hacken. Die Penne mit dem Nudellöffel aus dem Wasser heben, kurz abtropfen lassen und in die Pfanne zur Sauce geben. Kurz aufkochen lassen und die Penne mit Chili, Salz und Pfeffer sowie der Petersilie abschmecken.

4 Die Penne rigate mit Salsiccia und Tomaten in tiefe Teller verteilen und mit dem geriebenen Pecorino bestreut servieren.

Markus Lanz

» So muss gutes Essen sein: einfach, ehrlich, geradeaus. «

Lasagne alla Poletto
mit Tiroler Speck

von Cornelia Poletto

Zutaten für 6–8 Personen

Für die Bolognese:

4 Schalotten · 3 Knoblauchzehen
100 g Möhre
100 g Staudensellerie
1 EL Butter · 2 EL Olivenöl
800 g Rinderhackfleisch
100 g Tiroler Speck (am Stück)
Salz · Pfeffer aus der Mühle
250 g Tomaten (aus der Dose)
je 1 Zweig Rosmarin, Salbei und
Thymian · 1 Lorbeerblatt
1/4 l trockener Rotwein
100 ml roter Portwein
2 EL schwarze Oliven

Für den Tomatensugo:

800 g reife Tomaten
800 g Tomaten (aus der Dose)
1 Gemüsezwiebel
1 Knoblauchzehe
3 EL Olivenöl · 1 TL Zucker
1–2 Stiele Basilikum
Salz · Pfeffer aus der Mühle

Für die Béchamelsauce:

100 g Butter · 50 g Mehl
1/2 l Milch
50 g geriebener Parmesan
frisch geriebene Muskatnuss

Außerdem:

400 g Steinchampignons
2 Schalotten · 1/2 Knoblauchzehe
3 EL Butter · 1 EL Pilzgewürz
500 g Lasagneblätter
1 EL Thymianblättchen
150 g geriebener Parmesan

1 Für die Bolognese Schalotten und Knoblauch schälen und in feine Würfel schneiden. Möhre putzen und schälen, Sellerie putzen und waschen und beides in feine Würfel schneiden. Butter und Olivenöl in einem großen Topf erhitzen. Das Hackfleisch mit dem Speck darin unter Rühren anbraten und mit Salz und Pfeffer würzen. Das Gemüse 4 Minuten mitbraten. Die Tomaten dazugeben und mit dem Kochlöffel etwas zerdrücken. Rosmarin, Salbei und Thymian waschen, trocken schütteln und mit dem Lorbeerblatt zum Fleisch geben. Mit Rot- und Portwein ablöschen und bei schwacher Hitze etwa 1 Stunde köcheln lassen, dabei immer wieder etwas Wasser hinzufügen. Die Speckscheibe herausnehmen. Die Oliven entsteinen, würfeln, dazugeben und die Sauce mit Salz und Pfeffer abschmecken.

2 Für den Sugo die frischen Tomaten waschen und grob würfeln, dabei die Stielansätze entfernen. Die Dosentomaten in einem Sieb abtropfen lassen, dabei den Saft auffangen, und grob in Würfel schneiden. Zwiebel und Knoblauch schälen, in feine Würfel schneiden und im Olivenöl andünsten. Mit dem Zucker bestreuen und leicht karamellisieren. Die frischen Tomaten und die Dosentomaten samt Saft dazugeben und mit Salz würzen. Das Basilikum waschen, trocken schütteln und hinzufügen und die Sauce offen etwa 1 Stunde köcheln lassen, dabei ab und zu umrühren. Die Tomatensauce durch ein Sieb passieren und mit Salz und Pfeffer abschmecken.

3 Für die Béchamelsauce in einem kleinen Topf die Butter zerlassen. Das Mehl dazugeben und unter Rühren anschwitzen. Die Milch angießen und unter Rühren aufkochen lassen. Bei kleiner Hitze 4 bis 5 Minuten köcheln lassen. Die Sauce mit geriebenem Parmesan, 1 Prise Muskatnuss, Salz und Pfeffer abschmecken.

4 Die Champignons putzen und, falls nötig, trocken abreiben und in feine Scheiben schneiden. Schalotten und Knoblauch schälen, in feine Würfel schneiden und in 2 EL Butter andünsten. Die Pilze kurz mitbraten und mit Pilzgewürz, Salz und Pfeffer würzen. Den Backofen auf 200 °C vorheizen.

5 Eine große Auflaufform mit der restlichen Butter einfetten, dann abwechselnd Lasagneblätter, Tomatensugo, Bolognese, Champignons und Béchamelsauce einschichten. Mit Béchamelsauce, gehacktem Thymian und fein geriebenem Parmesan abschließen. Die Lasagne im Ofen auf der mittleren Schiene etwa 30 Minuten backen. Die Lasagne in der Form oder auf Teller portioniert servieren.

Lammrücken

mit Schmorschalotten-Vinaigrette und Sellerie

von Alexander Herrmann

Zutaten für 4 Personen

Für die Vinaigrette:

8 Schalotten
200 g Meersalz (ungereinigt)
100 ml Rotwein
100 ml Gemüsebrühe
1 Lorbeerblatt
1 EL Speisestärke
1 EL alter Aceto balsamico
5 EL Olivenöl

Für den Lammrücken:

600 g Lammrücken
(Lammlachse)
Salz · Pfeffer aus der Mühle
2 EL Olivenöl
2 Zweige Rosmarin
1 Knoblauchzehe
1 EL Butter

Für den Sellerie:

½ Sellerieknolle
2 EL Olivenöl
abgeriebene Schale von
½ unbehandelten Zitrone

Außerdem:

1 EL Butter
100 g ungesalzene Cashewkerne
1 Sternanis
1 TL Puderzucker
Pfeffer aus der Mühle

1 Den Backofen auf 180 °C Umluft vorheizen. Für die Vinaigrette die Schalotten ungeschält mit dem Meersalz auf einem Backblech verteilen und im Ofen auf der mittleren Schiene etwa 30 Minuten garen. Inzwischen den Wein mit der Brühe und dem Lorbeerblatt in einen Topf geben und etwas einkochen lassen. Die Stärke mit wenig kaltem Wasser glatt rühren und die Sauce damit sämig binden. Die weichen Schalotten aus der Schale drücken. Die Sauce mit dem Essig abschmecken, das Olivenöl unterrühren und die Schalotten darin schwenken. Die Backofentemperatur auf 100 °C reduzieren.

2 Für den Lammrücken die Lammlachse mit Salz und Pfeffer würzen. Das Olivenöl in einer Pfanne erhitzen und das Fleisch darin kurz rundum anbraten. Den Lammrücken auf dem Gitter im Ofen auf der mittleren Schiene etwa 30 Minuten rosa garen. Den Rosmarin waschen, trocken schütteln und die Nadeln abzupfen. Den Knoblauch schälen.

3 Für den Sellerie die Sellerieknolle putzen, schälen und in kleine Würfel schneiden. Das Olivenöl in einer Pfanne erhitzen und die Selleriewürfel darin mit etwas Zitronenschale bei schwacher Hitze 10 Minuten weich garen.

4 Die Butter in einem kleinen Topf erhitzen und die Cashewkerne mit dem Sternanis darin unter Rühren goldbraun anrösten. Mit dem Puderzucker bestäuben und mit Pfeffer würzen. Die Cashewkerne herausnehmen und auf Küchenpapier abtropfen lassen.

5 Die Butter in einer Pfanne aufschäumen lassen und den Lammrücken mit den Rosmarinnadeln und dem Knoblauch erneut rundum 1 Minute anbraten. Das Fleisch kurz ruhen lassen und in Scheiben schneiden.

6 Den Lammrücken mit dem Sellerie auf Tellern anrichten, mit den Cashewkernen bestreuen und mit der Schmorschalotten-Vinaigrette beträufeln.

Markus Lanz

>> Auch für Menschen, die sich mit dem Geschmack von Lamm schwertun: Sie werden überrascht sein, was für feine Aromen sich da plötzlich auf ihrer Zunge treffen. <<

Lamm-Kebab

mit Artischockengemüse unter der Yufkahaube

von Ali Güngörmüş

Zutaten für 4 Personen

Für das Lamm-Kebab:

2 Schalotten
3 Knoblauchzehen
300 g Lammhackfleisch
300 g Kalbshackfleisch
1 Eigelb
1 EL gehackte Petersilie
2 EL gehackter Koriander
1 Msp. gemahlener Kreuzkümmel
1 Msp. Cayennepfeffer
Salz · Pfeffer aus der Mühle
2 EL Olivenöl

Für das Artischockengemüse:

100 g Kartoffeln
Salz · 12 Cocktailtomaten
8 kleine Artischocken (vorberei-
tet; siehe S. 24, Schritt 1)
2 EL Olivenöl
100 ml Artischockenfond
(ersatzweise Geflügelfond)
2 EL Kalbsjus
4 geschnittene Basilikumblätter
Zucker
Pfeffer aus der Mühle
1 TL Butter

Für die Yufkahaube:

4 große Strudelblätter · 1 Ei
je 1 EL helle und dunkle
Sesamsamen
Salz

1 Für das Kebab die Schalotten und 2 Knoblauchzehen schälen und in feine Würfel schneiden. Schalotten und den gewürfelten Knoblauch mit beiden Sorten Hackfleisch, Eigelb, Petersilie, Koriander, etwas Kreuzküm-mel und Cayennepfeffer in einer Schüssel mischen und mit Salz und Pfeffer abschmecken. Aus der Masse längliche Würste formen. Das Olivenöl in einer Pfanne nicht zu heiß erhitzen und das Fleisch darin mit der übrigen geschäl-ten Knoblauchzehe bei schwacher Hitze 6 bis 8 Minuten rundum anbraten.

2 Für das Gemüse die Kartoffeln schälen, waschen und in kleine Würfel schneiden. Kurz in kochendem Salzwasser blanchieren, in ein Sieb abgie-ßen, abschrecken und abtropfen lassen. Die Tomaten waschen und halbieren. Die vorbereiteten Artischocken längs in Scheiben schneiden. Das Olivenöl in einer Pfanne erhitzen und die Artischockenscheiben darin bei mittlerer Hitze anbraten. Den Fond und die Jus dazugeben und die Artischocken darin langsam schmoren. Zum Schluss die Tomaten, die Kartoffeln und das Basi-likum dazugeben. Mit 1 Prise Zucker, Salz, Pfeffer und der Butter abschme-cken. Den Backofen auf 200 °C vorheizen und ein Backblech mit Backpapier auslegen.

3 Für die Yufkahaube die Strudelblätter halbieren, die Ränder der Blätter mit verquirltem Ei bestreichen und quer in der Mitte umklappen, sodass die Seiten geschlossen sind. Die Oberfläche mit dem Ei bestreichen, mit dem Sesam bestreuen und auf das Backblech legen. Im Ofen auf der mittleren Schiene etwa 7 Minuten goldbraun backen. Danach die Haube von der un-teren Seite her rund aufschneiden und mit etwas Salz würzen.

4 Das Kebab und das Artischockengemüse auf Tellern mittig anrichten und mit der Yufkahaube bedeckt servieren.

Lamm
mit Butterbrösel-Bohnen

von Mario Kotaska

Zutaten für 4 Personen

Für das Lamm:

2 Lammkarrees
Salz · Pfeffer aus der Mühle
2 Zweige Rosmarin
1 Knoblauchknolle

Für die Tomaten:

12 Cocktailtomaten mit Stiel
5 EL Olivenöl
1 Sternanis
1 frisches Lorbeerblatt
1/2 TL Korianderkörner
1/2 TL Kubebenpfeffer
5 cl Noilly Prat
(franz. Wermut)

Für die Bohnen:

250 g breite Bohnen
250 g Keniabohnen
1 Bund Bohnenkraut
Salz
200 g Butter
200 g Panko
(asiat. Paniermehl)
frisch geriebene Muskatnuss

1 Den Backofen auf 80 °C vorheizen. Die Lammkarrees waschen, trocken tupfen und mit Salz und Pfeffer würzen. Den Rosmarin waschen und trocken schütteln, den Knoblauch halbieren. Das Lamm in einer ofenfesten Form mit dem Rosmarin und dem Knoblauch im Ofen auf der mittleren Schiene etwa 1 Stunde rosa garen.

2 Die Tomaten waschen und kreuzweise einritzen. Das Olivenöl in einer ofenfesten Pfanne erhitzen und die Tomaten mit dem Sternanis, dem Lorbeerblatt, dem Koriander und dem Kubebenpfeffer anbraten. Mit dem Noilly Prat ablöschen und die letzten 20 Minuten mit dem Lamm mitschmoren.

3 Inzwischen beide Bohnensorten putzen und waschen. Das Bohnenkraut waschen und trocken schütteln. Von 2 Stielen die Blätter abzupfen, fein schneiden und beiseitelegen. Die Bohnen mit dem restlichen Bohnenkraut in reichlich kochendem Salzwasser 6 bis 8 Minuten blanchieren. In ein Sieb abgießen, kalt abschrecken und gut abtropfen lassen. Kurz vor dem Servieren in einem flachen Topf die Butter bräunen und den Panko darin anrösten. Leicht mit Salz und Muskatnuss würzen und die blanchierten Bohnen mit dem fein geschnittenen Bohnenkraut darin schwenken.

4 Das Fleisch herausnehmen und portionieren. Das Lammkarree auf Teller verteilen, die geschmorten Tomaten darum herumlegen und mit etwas »Schmor-Gewürzöl« beträufeln. Die Butterbrösel-Bohnen dazu servieren.

Speck-Kas-Knödel
auf Krautfleckerl

von Mario Kotaska

Zutaten für 4 Personen

Für die Speck-Kas-Knödel:

250 g Laugenbrötchen
(vom Vortag)
50 g Weichweizengrieß
1 Zwiebel
180 g Gruyère
1/8 l Milch
frisch geriebene Muskatnuss
1/2 Bund Petersilie
1 EL Butter
80 g Schinkenspeckwürfel
2 Eier
Salz · Pfeffer aus der Mühle
3 l Rinderbrühe
2 Lorbeerblätter

Für die Krautfleckerl:

150 g Kochschinken
(in Scheiben)
1–2 Spitzkohl (mind. 600 g)
4 EL Butter
1/2 Bund Majoran
150 g Crème fraîche
abgeriebene Schale von
1 unbehandelten Zitrone
1 EL frisch geriebener
Meerrettich

1 Für die Speck-Kas-Knödel die Laugenbrötchen in kleine Würfel schneiden und mit dem Grieß in eine große Schüssel geben. Die Zwiebel schälen und in feine Würfel schneiden. Den Gruyère in sehr feine Würfel schneiden. Die Milch mit 1 Prise Muskatnuss aufkochen und über die Laugenbrötchenwürfel und den Grieß gießen. Die Petersilie waschen, trocken schütteln, die Blätter abzupfen und fein hacken.

2 In einem Topf die Butter erhitzen und die Zwiebel- und Schinkenspeckwürfel darin andünsten. Mit der Petersilie, dem Käse und den Eiern zu den eingeweichten Laugenbrötchen geben und gut mischen. Die Masse mit Salz und Pfeffer abschmecken und zugedeckt etwa 15 Minuten quellen lassen.

3 Inzwischen für die Krautfleckerl den Schinken in mundgerechte Stücke schneiden. Den Spitzkohl putzen, waschen und die Blätter in gleichmäßige »Flecken« (in etwa so groß wie die Schinkenstücke) zupfen oder schneiden. Die Butter in einem großen Topf erhitzen und den Spitzkohl darin zugedeckt etwa 10 Minuten dünsten. Den Majoran waschen und trocken schütteln. Die Blätter abzupfen und fein hacken. Die Krautfleckerl mit der Crème fraîche, dem Majoran, der Zitronenschale und dem Meerrettich abschmecken.

4 In einem großen Topf die Brühe mit den Lorbeerblättern aufkochen. Mit angefeuchteten Händen aus der Teigmasse 12 Knödel formen und in der heißen Brühe zugedeckt bei schwacher Hitze etwa 10 Minuten gar ziehen lassen. Die Knödel sind fertig, wenn sie an die Oberfläche steigen.

5 Die Krautfleckerl auf Teller verteilen. Die Speck-Kas-Knödel mit dem Schaumlöffel herausnehmen, abtropfen lassen und auf den Krautfleckerln angerichtet servieren.

Markus Lanz
» Rustikal. Genial. «

Chili-Fleischpflanzerl

mit lauwarmem Kartoffel-Ingwer-Salat

von Alfons Schuhbeck

Zutaten für 4 Personen

Für den eingelegten Ingwer:

200 g Ingwer · 100 ml Reisessig

130 g Zucker · 1 ½ TL Salz

Für den Kartoffelsalat:

1 kg vorwiegend festkochende

Kartoffeln · Salz · ½ EL ganzer

Kümmel · 1 Salatgurke

1 kleine Zwiebel

4 EL braune Butter

(siehe S.103, Schritt 3)

400 ml Hühnerbrühe

3 EL Rotweinessig

1 EL scharfer Senf

1 Msp. mildes Chilipulver

1 Msp. Zucker

Für die Fleischpflanzerl:

80 g Toastbrot · 100 ml Milch

½ Zwiebel · 3 EL Öl

2 Eier · 2 TL scharfer Senf

abgeriebene Schale von je

½ unbehandelten Zitrone

und Orange

1 TL milde Chiliflocken

frisch geriebene Muskatnuss

Salz · Pfeffer aus der Mühle

250 g Kalbshackfleisch

250 g Schweinehackfleisch

1 TL getrockneter Majoran

1 EL gehackte Petersilie

100 g Weißbrotbrösel

1 Für den eingelegten Ingwer den Ingwer schälen und in Faserrichtung in feine Scheiben schneiden oder hobeln. Mit 380 ml Wasser, dem Essig, dem Zucker und dem Salz in einem Topf aufkochen, vom Herd nehmen und abkühlen lassen.

2 Für den Salat die Kartoffeln gründlich waschen und mit der Schale in Salzwasser mit dem Kümmel weich garen. Die Kartoffeln abgießen, ausdampfen lassen und noch heiß pellen. In dünne Scheiben schneiden und in eine Schüssel geben. Die Gurke waschen und in dünne Scheiben hobeln. 2 EL eingelegten Ingwer klein schneiden. Die Zwiebel schälen und in feine Würfel schneiden. In einer Pfanne 1 EL braune Butter erhitzen und die Zwiebel darin bei schwacher Hitze andünsten. Die Brühe erhitzen, mit dem Essig, 1 bis 2 EL Ingwersud und dem Senf verrühren, mit dem Chilipulver, dem Zucker und Salz würzen. Eine Handvoll Kartoffeln mit dem Stabmixer unterrühren. Die übrigen Kartoffeln vorsichtig mit dem Dressing mischen und die restliche braune Butter mit den Gurken und dem Ingwer unterheben.

3 Für die Fleischpflanzerl das Toastbrot in Würfel schneiden und mit der Milch mischen. Die Zwiebel schälen und in feine Würfel schneiden. In einer Pfanne 1 EL Öl erhitzen und die Zwiebel darin bei schwacher Hitze andünsten. Die Eier mit dem Senf, der Zitronen- und Orangenschale, den Chiliflocken, der Muskatnuss, Salz und Pfeffer mischen.

4 Beide Hackfleischsorten mit dem eingeweichten Brot, den verquirlten Eiern, den Zwiebelwürfeln, dem Majoran und der Petersilie mischen. Mit angefeuchteten Händen kleine Frikadellen formen und in den Weißbrotbröseln wenden. Das restliche Öl in einer Pfanne erhitzen und die Fleischpflanzerl darin bei mittlerer Hitze auf beiden Seiten goldbraun braten. Herausnehmen und auf Küchenpapier abtropfen lassen.

5 Den Kartoffel-Ingwer-Salat noch lauwarm auf Teller verteilen und die Chili-Fleischpflanzerl darauf angerichtet servieren.

Markus Lanz

» Ich trau's mich ja gar nicht zu sagen, aber: Von all den wunderbaren Dingen, die Alfons Schuhbeck kocht, das wunderbarste. Einfach, aber nicht schlicht. Klassisch, aber nicht hausbacken. Raffiniert, aber nicht überkandidelt. «

Schwäbische Maultaschen
mit Morchelrahmsauce

von Nelson Müller

Zutaten für 4 Personen

Für den Nudelteig:

300 g Mehl · 3 Eigelb
2 EL Olivenöl · Salz
Mehl für die Arbeitsfläche

Für die Füllung:

400 g Blattspinat · Salz
weißer Pfeffer aus der Mühle
1 Schalotte
2 EL Olivenöl
50 g Sahne
1½ Brötchen (vom Vortag)
400 g Kalbshackfleisch
1–2 EL gehackte Petersilie
1 EL Schnittlauchröllchen
2 Eier · 1½ l Fleischbrühe

Für die Morchelrahmsauce:

20 g getrocknete Morcheln
2 Schalotten
2 EL Butter
4 EL Weißwein
80 ml Noilly Prat
(franz. Wermut)
200 ml Kalbsfond
200 g Sahne
2–3 EL gehackte Petersilie
10 Blätter klein geschnittenes
Basilikum
1 EL Speisestärke
Salz · Pfeffer aus der Mühle
frisch geriebene Muskatnuss

1 Für den Nudelteig alle Zutaten zu einem elastischen Teig verkneten und auf der bemehlten Arbeitsfläche zu einer Kugel formen. In ein feuchtes Küchentuch wickeln und im Kühlschrank 15 Minuten ruhen lassen.

2 Inzwischen für die Füllung den Spinat verlesen und waschen, grobe Stiele entfernen. Den Spinat tropfnass in einem Topf zusammenfallen lassen. In einem Küchentuch gut ausdrücken, fein hacken und mit Salz und Pfeffer würzen. Die Schalotte schälen, in feine Würfel schneiden und im Olivenöl andünsten. Die Sahne erhitzen und die Brötchen darin einweichen. Die eingeweichten Brötchen mit Hackfleisch, Spinat, Petersilie, Schnittlauch und den Eiern mischen. Mit Salz und Pfeffer würzen.

3 Den Nudelteig auf der bemehlten Arbeitsfläche oder mit der Nudelmaschine etwa 3 mm dünn ausrollen und zu etwa 10 cm breiten Streifen zurechtschneiden. Die Hackfleischmasse mit einem Spritzbeutel der Länge nach auf die Mitte der Teigstreifen spritzen. Den Teig darüber zusammenklappen und die Maultaschen mit einem Holzlöffel in der gewünschten Größe portionieren, die Ränder gut andrücken und die Teigtaschen auseinanderschneiden.

4 In einem Topf die Brühe zum Kochen bringen. Die Maultaschen in der siedenden Brühe bei schwacher Hitze etwa 10 Minuten gar ziehen lassen. Sobald sie an der Oberfläche schwimmen, mit dem Schaumlöffel herausnehmen, abtropfen lassen und bis zur Weiterverwendung beiseitestellen.

5 Für die Sauce die Morcheln in warmem Wasser einweichen, in ein feines Sieb abgießen, die Flüssigkeit dabei auffangen, und trocken tupfen. Die Schalotten schälen, mit den Morcheln in feine Würfel schneiden und in 1 EL heißer Butter andünsten. Mit dem Wein und dem Noilly Prat ablöschen. Das Pilz-Einweichwasser dazugeben und auf die Hälfte einkochen. Den Fond und die Sahne angießen, die Petersilie und das Basilikum dazugeben. Die Sauce auf etwa die Hälfte einkochen und mit dem Stabmixer pürieren. Die Speisestärke mit wenig kaltem Wasser glatt rühren und die Sauce damit binden, anschließend die restliche Butter unterrühren. Die Sauce durch ein Sieb passieren und mit Salz, Pfeffer und Muskatnuss abschmecken.

6 Die Maultaschen auf Teller verteilen und mit der Morchelrahmsauce beträufelt servieren. Dazu passen in Butter gebratene Zwiebeln.

Königsberger Klopse vom Kalb

mit Rote Bete und Kartoffelpüree

von Kolja Kleeberg

Zutaten für 4 Personen

Für die Klopse:

2 Zwiebeln
2–3 Sardellenfilets (in Öl)
3 Stiele Petersilie
1 Brötchen (vom Vortag)
100 ml Milch
500 g Kalbshackfleisch · 3 Eier
Saft und abgeriebene Schale
von 1 unbehandelten Zitrone
Salz · Pfeffer aus der Mühle
¾ l Geflügelfond
1 Lorbeerblatt · 2 Gewürznelken
50 g Butter · 1–2 EL Mehl
100 ml trockener Weißwein
Worcestershiresauce
100 g Sahne

Für das Kartoffelpüree:

400 g Kartoffeln
Salz · 50 g Butter
100 ml Milch
1 EL Crème fraîche · 4 EL Kapern
Öl zum Frittieren

Für die Roten Beten:

3–4 Rote Beten (vorgegart
und vakuumiert)
100 ml Rote-Bete-Saft
1 EL Rotweinessig
2–3 EL englische Orangen-
marmelade
Salz · Pfeffer aus der Mühle
je 1 EL gehackter Dill und
Estragon

1 Für die Klopse die Zwiebeln schälen und 1 Zwiebel in feine Würfel schneiden. Die Sardellenfilets abtropfen lassen. Die Petersilie waschen, trocken schütteln und die Blätter mit den Sardellen fein hacken. Das Brötchen in der Milch einweichen. Das Brötchen ausdrücken und mit dem Hackfleisch, den Zwiebelwürfeln und 1 Ei verkneten. Mit den Sardellen, der Petersilie, der Zitronenschale, Salz und Pfeffer abschmecken.

2 Den Fond aufkochen. Die zweite Zwiebel halbieren und das halbierte Lorbeerblatt mit den Gewürznelken darauf feststecken. Zum Fond geben. Aus der Hackfleischmasse mit angefeuchteten Händen kleine Klöße formen und im heißen Fond bei schwacher Hitze etwa 15 Minuten gar ziehen lassen. Die Klöße mit dem Schaumlöffel herausheben und warm stellen. Den Fond durch ein feines Sieb gießen.

3 Die Butter in einem Topf erhitzen und das Mehl darin unter Rühren anschwitzen. Den Wein unter Rühren angießen. Den Fond unter Rühren dazugeben und die Sauce einmal kräftig aufkochen und dann bei schwacher Hitze 10 Minuten leise köcheln lassen. Die Sauce mit Zitronensaft, Worcestershiresauce, Salz und Pfeffer pikant abschmecken. Den Topf vom Herd nehmen. Die restlichen Eier trennen. Die Eigelbe mit der Sahne verquirlen und unter die Sauce rühren. Die Sauce darf jetzt nicht mehr kochen.

4 Für das Püree die Kartoffeln schälen, waschen und in kochendem Salzwasser weich garen. Die Butter in einem kleinen Topf zerlassen und bräunen. Mit der Milch ablöschen. Die Butter-Milch-Mischung leicht mit Salz würzen. Die Kartoffeln abgießen, ausdampfen lassen und noch heiß durch die Kartoffelpresse in eine Schüssel drücken. Die heiße Milch hinzufügen und unterrühren, dann die Crème fraîche untermischen. Die abgetropften Kapern bei mittlerer Hitze im Öl knusprig ausbacken. Auf Küchenpapier abtropfen lassen, mit Salz würzen und unter das Kartoffelpüree heben.

5 Die Roten Beten in Würfel schneiden und im Rote-Bete-Saft erhitzen. Mit dem Essig, der Marmelade, Salz und Pfeffer abschmecken. Den Fond nach Belieben mit etwas glatt gerührter Stärke binden und den Dill und den Estragon untermischen. Die Klöße kurz in der Sauce erwärmen.

6 Die Königsberger Klopse mit dem Kartoffelpüree und den Roten Beten auf Tellern anrichten und servieren.

Rosa Kalbstafelspitz
mit Rote Bete und Rosenkohl

von Ali Güngörmüş

Zutaten für 4 Personen

Für die Roten Beten:

10 kleine Rote Beten
2 EL Butter · 40 ml Himbeeressig
200 ml Geflügelfond
Salz · Zucker · 1 Streifen unbehandelte Orangenschale
1 Tonkabohne

Für die Sauce:

150 g Zwiebeln · 1 junge Knoblauchzehe · 300 g Rote Beten
2 EL Butter · 1 Msp. gemahlener Kreuzkümmel · 1 Msp. Sumach (Essigbaumgewürz)
1 Lorbeerblatt · Salz · Zucker
50 ml Apfelsaft · 50 g Himbeermark · 1 l Geflügelfond
1 EL geschlagene Sahne
1 EL braune Butter
(siehe S. 103, Schritt 3)
Cayennepfeffer · Zitronensaft

Für den Tafelspitz:

1 Milchkalbstafelspitz (ca. 800 g)
1 EL Butter · je 1 Zweig
Rosmarin und Thymian
1 Knoblauchzehe
Salz · Pfeffer aus der Mühle

Für Püree und Rosenkohl:

2 Äpfel · 1 Zweig Rosmarin
1 EL Butter · 1 EL Zucker
50 ml Apfelsaft · 100 g Rosenkohl · 1 EL Butter · Salz
Zucker · frisch geriebene Muskatnuss

1 Den Backofen auf 180 °C Umluft vorheizen. Die Roten Beten schälen und vierteln (dabei am besten Einweghandschuhe tragen). Die Butter in einer ofenfesten Pfanne erhitzen, die Roten Beten darin kurz andünsten und mit dem Essig ablöschen. Die Hälfte des Fonds angießen und mit Salz und 1 Prise Zucker abschmecken. Die Orangenschale dazugeben und ein wenig Tonkabohne hineinreiben. Die Roten Beten zugedeckt im Ofen auf der mittleren Schiene 1½ bis 2 Stunden garen. Gelegentlich umrühren und etwas Fond nachgießen.

2 Für die Sauce Zwiebeln und Knoblauch schälen, in feine Würfel schneiden. Die Roten Beten schälen und mit den Zwiebel- und Knoblauchwürfeln in 1 EL Butter andünsten. Die Gewürze, je 1 Prise Salz und Zucker dazugeben und kurz mitdünsten. Mit dem Apfelsaft ablöschen, das Himbeermark dazugeben, dann den Fond angießen. Die Sauce bei kleiner Hitze 45 Minuten köcheln lassen, mit dem Stabmixer pürieren und durch ein feines Sieb passieren. Vor dem Servieren aufkochen und die Sahne, die restliche Butter, die braune Butter, Cayennepfeffer und 1 Spitzer Zitronensaft untermixen.

3 Den Backofen auf 100 °C vorheizen. Ein Ofengitter auf die mittlere Schiene und darunter ein Abtropfblech schieben. Den Tafelspitz in der heißen Butter rundum anbraten. Die Kräuter waschen, trocken tupfen und mit dem geschälten Knoblauch zum Fleisch geben. Mit Salz und Pfeffer würzen. Das Fleisch auf dem Gitter im Ofen 40 bis 45 Minuten garen.

4 Für das Püree die Äpfel vierteln, schälen, entkernen und in Stücke schneiden. Den Rosmarin waschen und trocken tupfen. In einem Topf die Butter erhitzen und die Äpfel darin andünsten, mit dem Zucker bestreuen und leicht karamellisieren. Mit dem Apfelsaft ablöschen und den Rosmarin dazugeben. Bei schwacher Hitze garen, bis die Apfelstücke weich sind. Den Rosmarin entfernen und die Äpfel mit dem Stabmixer fein pürieren.

5 Den Rosenkohl putzen, waschen, den Strunk entfernen und die einzelnen Blätter ablösen. Kühl stellen. Vor dem Servieren die Rosenkohlblätter in der heißen Butter schwenken und mit Salz und je 1 Prise Zucker und Muskatnuss würzen.

6 Die Roten Beten auf Teller verteilen. Das Fleisch in dünne Scheiben schneiden, darauf anrichten und etwas Apfel-Rosmarin-Püree darum herum verteilen. Den rosa Kalbstafelspitz mit Rosenkohlblättern bestreuen, mit der Sauce beträufeln und servieren.

Crépinette vom Kalbsfilet
mit Minzspinat und Rotweinbutter

von Alfons Schuhbeck

Zutaten für 4 Personen

Für die Crépinette:

4 Wirsingblätter
Salz · ½ Knoblauchzehe
1 Scheibe Ingwer · 350 g Kalbs-
brät · 2–3 EL kalte Sahne
1 TL scharfer Senf · gemahlener
Koriander · Zimtpulver
Cayennepfeffer · frisch gerie-
bene Muskatnuss · 4 Kalbs-
filetstücke (à 40 g) · je 2 EL
gehackte Petersilie und Kerbel

Für den Minzspinat:

1 Schalotte · 1 Knoblauchzehe
1 TL Butter · 3 EL Gemüsebrühe
1 EL Sahne · je 1 Streifen un-
behandelte Zitronen- und Oran-
genschale · ½ ausgekratzte Va-
nilleschote · 2 Scheiben Ingwer
1 Splitter Zimtrinde
300 g Blattspinat · 1 TL Minze-
blätter · Salz · Pfeffer aus der
Mühle · frisch geriebene Mus-
katnuss · 1 EL braune Butter
(siehe S. 103, Schritt 3)

Für die Rotweinbutter:

1 TL Puderzucker
200 ml kräftiger Rotwein
100 g eiskalte Butter
je 1 Scheibe Ingwer und Knob-
lauch · je 1 Streifen
unbehandelte Zitronen-
und Orangenschale
Salz · Pfeffer aus der Mühle

1 Für die Crépinette die Wirsingblätter waschen, die Blattrippen entfernen. Die Blätter in kochendem Salzwasser etwa 4 Minuten blanchieren, kalt abschrecken und auf einem Küchentuch leicht überlappend je 2 Blatthälften aneinanderlegen. Die Wirsingkreise mit einem zweiten Tuch bedecken und mit dem Nudelholz flach rollen.

2 Den Knoblauch und den Ingwer schälen und fein hacken. Das Kalbsbrät mit der Sahne glatt rühren und mit Knoblauch, Ingwer, Senf und je 1 Prise Koriander, Zimt, Cayennepfeffer, Muskatnuss und Salz abschmecken. Die Filetstücke in den Kräutern wenden.

3 Die Wirsingkreise mit der Kalbsfarce bestreichen, die Filetstücke daraufsetzen und darin einrollen. In jeweils eine Lage Frischhalte- und Alufolie einrollen. In einem großen Topf Wasser auf 70 °C erhitzen und die Crépinette darin 16 bis 20 Minuten gar ziehen lassen.

4 Für den Minzspinat die Schalotte schälen und in feine Würfel schneiden. Den Knoblauch schälen und halbieren. Die Butter in einer Pfanne erhitzen und die Schalotte darin bei mittlerer Hitze andünsten. Die Brühe und die Sahne mit der Zitronen- und Orangenschale, der Vanilleschote, dem Knoblauch, dem Ingwer und dem Zimt hinzufügen. Den Blattspinat verlesen, waschen und grobe Stiele entfernen. Die Minze waschen und trocken tupfen. Die Spinatblätter in den Sud geben und zusammenfallen lassen. Mit Salz, Pfeffer, 1 Prise Muskatnuss und der braunen Butter würzen. Die Vanilleschote, den Zimt, den Knoblauch und den Ingwer wieder entfernen. Den Spinat mit dem Stabmixer pürieren und die Minze untermischen.

5 Für die Rotweinbutter den Puderzucker bei mittlerer Hitze karamellisieren, mit dem Wein ablöschen und auf ein Drittel einköcheln lassen. Bei schwacher Hitze unter ständigem Rühren kalte Butterstücke unterschlagen. Den Ingwer, den Knoblauch sowie die Zitronen- und Orangenschale kurz mitziehen lassen. Die Sauce durch ein Sieb passieren und mit Salz und Pfeffer abschmecken. Sie darf jetzt nicht mehr kochen.

6 Die Crépinette herausnehmen, aus den Folien wickeln und in Scheiben schneiden. Den Minzspinat auf Teller verteilen, die Crépinette-Scheiben darauf anrichten und mit der Rotweinbutter beträufeln.

Gekochte Kalbsbrust
mit Waldpilzen und Butterklößchen

von Johannes King

Zutaten für 4 Personen

Für die Kalbsbrust:

1 ½ kg magere Kalbsbrust

2 ½ l heller Kalbsfond

300 ml trockener Weißwein

¼ Fenchelknolle

1 Stange Staudensellerie

100 g weiße Champignons

1 Bund Estragon

5 Pimentkörner

je 1 EL Senf- und weiße Pfefferkörner · 1 TL Korianderkörner

2 kleine Gemüsezwiebeln

2 Lorbeerblätter

6 Gewürznelken

Für die Cremesauce:

je 60 g Staudensellerie,
Champignons und Schalotten

2 EL Butter · 5 cl Wermut

400 ml Kalbsfond · 200 g Sahne

Saft und abgeriebene Schale
von 1 unbehandelten Zitrone

Meersalz · Pfeffer aus der Mühle

1 EL geschlagene Sahne

Für die Butterklößchen:

120 g weiche Butter · 3 Eier

1 TL Mehl · 125 g Weißbrotbrösel · Salz · Pfeffer aus der Mühle

frisch geriebene Muskatnuss

Außerdem:

200–300 g Waldpilze

1 EL Butter · Salz · Pfeffer aus
der Mühle · 2 Stiele Estragon

12 Kapernäpfel

1 Für die Kalbsbrust das Fleisch grob in Stücke schneiden. Mit dem Fond und dem Wein in einen Topf geben und bei schwacher Hitze zum Köcheln bringen. Dabei immer wieder den Schaum abschöpfen.

2 Fenchel und Sellerie putzen, waschen und in Würfel schneiden. Die Champignons putzen und trocken abreiben, die Stielansätze abschneiden. Den Estragon waschen. Die Gewürzkörner im Mörser andrücken und in ein Gewürzsäckchen füllen. Die Zwiebeln schälen und mit je 1 Lorbeerblatt und 3 Gewürznelken spicken. Die Zwiebeln mit den Champignons, dem Fenchel, dem Sellerie und dem Estragon sowie dem Gewürzsäckchen zum Fond geben. Das Kalbfleisch mindestens 1 ½ Stunden sanft köcheln lassen. Das Fleisch herausnehmen und sofort mit einem feuchten Tuch bedecken. Den Fond durch ein Sieb passieren und für die Sauce beiseitestellen.

3 Für die Sauce Sellerie und Champignons putzen und in kleine Stücke schneiden. Die Schalotten schälen und in feine Würfel schneiden. Das Gemüse in der Butter bei starker Hitze andünsten. Mit dem Wermut ablöschen, dann den Fond angießen. Die Flüssigkeit auf die Hälfte einkochen lassen, die Sahne dazugeben und weitere 20 Minuten köcheln lassen. Die Sauce mit dem Stabmixer fein pürieren, durch ein feines Sieb streichen und mit etwas Zitronensaft und -schale, Meersalz und Pfeffer abschmecken.

4 Für die Klößchen die Butter schaumig rühren, bis sie ganz weiß ist. Ein Ei unterrühren. Dann 1 kleine Prise Mehl im Wechsel mit je 1 weiterem Ei unterrühren. Die Brotbrösel untermischen und die Masse mit Salz, Pfeffer und 1 Prise Muskatnuss würzen. Aus dem Teig 12 bis 16 kleine Klößchen formen, in kochendem Salzwasser einmal aufkochen lassen und zugedeckt 3 Minuten ziehen lassen. Diesen Vorgang insgesamt dreimal wiederholen.

5 Die Waldpilze putzen, trocken abreiben und kurz in der heißen Butter anbraten. Leicht mit Salz und Pfeffer würzen. Das Kalbfleisch langsam in der weißen Cremesauce erhitzen und die geschlagene Sahne unterheben. Den Estragon waschen, trocken schütteln und die Blätter abzupfen.

6 Zum Servieren je 3 bis 4 Stücke gekochte Kalbsbrust in vorgewärmte tiefe Teller verteilen und 3 bis 4 abgetropfte Butterklößchen dazugeben. Die Waldpilze großzügig zwischen Fleisch und Klößchen verteilen und die Sauce darübergeben. Mit den Estragonblättern und den Kapernäpfeln garnieren und servieren.

Porterhousesteak
mit Barbecuesauce

von Alfons Schuhbeck

Zutaten für 4 Personen

Für das Steak:

2 EL Öl

1 Porterhousesteak

(ca. 700–1000 g)

1 ausgekratzte Vanilleschote

3 Knoblauchzehen

1 rote Chilischote

1 grüne Chilischote

6 EL braune Butter

(siehe S.103, Schritt 3)

6 Scheiben Ingwer

4 Splitter Zimtrinde

1 TL grüner Kardamom

Salz · Pfeffer aus der Mühle

Für die Barbecuesauce:

100 ml Ananassaft

100 ml Espresso

300 g Tomatenketchup

1 EL Zucker

2 Knoblauchzehen

1 TL geräuchertes Paprikapulver

10 g Rauchsalz aus der Mühle

Chiliflocken

abgeriebene Schale von

½ unbehandelten Orange

1 Msp. Ingwerpulver

1 Den Backofen auf 130 °C vorheizen. Ein Ofengitter auf die mittlere Schiene und darunter ein Abtropfblech schieben. Für das Steak das Öl in einer Pfanne erhitzen und das Porterhousesteak darin bei mittlerer Hitze auf beiden Seiten anbraten. Das Fleisch herausnehmen und auf dem Gitter im Ofen 50 bis 60 Minuten rosa durchziehen lassen.

2 Die Vanilleschote in 4 Stücke schneiden. Den Knoblauch schälen und halbieren. Die Chilischoten längs halbieren, entkernen, waschen und trocken tupfen. Etwas braune Butter in einer Pfanne bei schwacher Hitze erwärmen und Knoblauch, Ingwer, Zimt, Vanillestücke, Kardamom und Chilischoten darin ziehen lassen.

3 Für die Barbecuesauce den Ananassaft und den Espresso auf ein Viertel einköcheln lassen. Den Ketchup und den Zucker unterrühren. Den Knoblauch schälen und halbieren. Die Sauce mit dem Paprikapulver, dem Rauchsalz, 1 Prise Chiliflocken und der Orangenschale würzen. Knoblauch und Ingwerpulver dazugeben und einige Minuten darin ziehen lassen, dann wieder entfernen.

4 Das Steak aus dem Ofen nehmen, mit Salz und Pfeffer würzen, mit der Gewürzbutter beträufeln und kurz ruhen lassen. Vom Knochen lösen und in Scheiben schneiden.

5 Das Porterhousesteak auf Tellern anrichten und mit der Barbecuesauce beträufeln. Dazu passt sehr gut ein Caesars Salad.

Roastbeef
mit Schmelzkraut und Röstbrot

von Alexander Herrmann

Zutaten für 4 Personen

Für das Roastbeef:

400 g Roastbeef (ohne Fett
und Sehnen)
Salz · Pfeffer aus der Mühle
2 TL Butterschmalz
1/2 Bund Thymian
1 EL Butter
1 TL getrockneter Majoran
abgeriebene Schale von
1/2 unbehandelten Orange

Für das Schmelzkraut:

1 Scheibe durchwachsener Speck
1/4 Weißkohl
1 Zwiebel
2 EL Butterschmalz
1 TL brauner Zucker
1 Kartoffel
200 ml Gemüsebrühe
1/2 TL ganzer Kümmel
1 EL alter Aceto balsamico
Saft von 1/2 Orange
Salz · Pfeffer aus der Mühle

Für das Röstbrot:

2 EL Butter
4 dicke Scheiben Sauerteigbrot
1 Knoblauchzehe · Salz
2 EL Sahnemeerrettich
(aus dem Glas)
Saft und abgeriebene Schale
von 1/2 unbehandelten Zitrone

1 Für das Roastbeef den Backofen auf 100 °C vorheizen. Ein Ofengitter auf die mittlere Schiene und darunter ein Abtropfblech schieben. Das Fleisch mit Küchenpapier trocken tupfen und auf beiden Seiten kräftig mit Salz und Pfeffer würzen. Das Butterschmalz in einer Pfanne erhitzen und das Fleisch darin rundum bei starker Hitze anbraten. Das Roastbeef auf dem Gitter im Ofen etwa 40 Minuten rosa garen.

2 Inzwischen für das Schmelzkraut den Speck in feine Würfel schneiden. Vom Weißkohl die äußeren Blätter und den harten Strunk entfernen, den Rest putzen, waschen und in feine Streifen schneiden oder hobeln. Die Zwiebel schälen und in sehr feine Scheiben schneiden. Das Butterschmalz in einem Bräter erhitzen und den Kohl mit der Zwiebel darin andünsten. Mit dem Zucker bestreuen und leicht karamellisieren. Den Speck dazugeben, die geschälte Kartoffel dazureiben und mit der Hälfte der Brühe ablöschen. Den Kümmel hinzufügen und das Kraut zugedeckt 10 Minuten schmoren. Die restliche Brühe angießen und das Schmelzkraut mit dem Essig, etwas Orangensaft, Salz und reichlich Pfeffer abschmecken.

3 Den Thymian waschen, trocken schütteln und die Blättchen abzupfen. Die Butter in einer großen Pfanne zerlassen. Das Roastbeef darin mit dem Thymian, dem Majoran und der Orangenschale bei starker Hitze auf beiden Seiten etwas nachbraten. Aus der Pfanne nehmen und kurz ruhen lassen. Dann in dünne Scheiben schneiden.

4 Für das Röstbrot die Butter in einer Pfanne erhitzen und die Brotscheiben darin auf beiden Seiten anrösten. Den Knoblauch schälen, das Brot damit abreiben und mit Salz würzen. Den Meerrettich mit etwas Zitronensaft und -schale abschmecken und das warme Brot damit bestreichen.

5 Das Schmelzkraut auf den Röstbroten verteilen, mit den Roastbeefscheiben belegen und servieren.

Markus Lanz

» Das Schmelzkraut ist der heimliche Star dieses Gerichts – eine Wucht! «

Red Bœuf Stroganoff
mit Rotweinnudeln und Roter Bete

von Kolja Kleeberg

Zutaten für 4 Personen

Für das Bœuf Stroganoff:

600 g Rinderfilet
200 g große braune Champignons
1 rote Paprikaschote
100 g Gewürzgurken
4 rote Zwiebeln
100 g Rote Bete
(vorgegart und vakuumiert)
¼ Bund Dill
¼ Bund Petersilie
2 EL Butterschmalz
Salz · Pfeffer aus der Mühle
100 g Butter
200 ml Rinderfond
100 ml Rote-Bete-Saft
1 EL scharfer Senf
100 g Kalbsjus
Saft von ½ Zitrone
2 EL saure Sahne

Für die Rotweinnudeln:

100 ml Rotwein
100 ml roter Portwein
100 g Butter
400 g Rotweinnudeln
(alternativ Bandnudeln)
Salz

1 Für das Bœuf Stroganoff das Rinderfilet in fingerdicke Streifen schneiden. Die Pilze putzen und, falls nötig, trocken abreiben. Die Paprikaschote längs halbieren, entkernen, waschen und mit den Gewürzgurken in Streifen schneiden. Die Zwiebeln schälen und mit der Roten Bete sechsteln. Den Dill und die Petersilie waschen, trocken schütteln und die Blätter fein hacken.

2 Das Butterschmalz in einer Pfanne oder im Wok erhitzen und die Rinderfiletstreifen darin bei starker Hitze rasch rundum anbraten. Mit Salz und Pfeffer würzen und herausnehmen. In derselben Pfanne 50 g Butter erhitzen und die Zwiebeln darin andünsten. Die Paprikaschote, die Champignons, die Roten Beten und die Gewürzgurken dazugeben und mit Salz würzen. Etwa 3 Minuten mitdünsten, herausnehmen und ebenfalls beiseitestellen.

3 Den Bratsatz mit dem Fond und dem Rote-Bete-Saft ablöschen, dann den Senf einrühren. Die Kalbsjus dazugeben und alles etwa 5 Minuten köcheln lassen. Die Sauce mit der restlichen Butter binden, durch ein feines Sieb gießen und mit dem Fleisch und dem Gemüse wieder erwärmen. Mit Zitronensaft, Salz und reichlich Pfeffer abschmecken.

4 Für die Rotweinnudeln den Rotwein und den Portwein auf die Hälfte der Menge einkochen lassen und mit der Butter binden. Die Rotweinnudeln in reichlich kochendem Salzwasser nach Packungsanweisung bissfest garen. In ein Sieb abgießen, abtropfen lassen und in der Rotweinsauce schwenken.

5 Das Red Bœuf Stroganoff mit je 1 Klecks saurer Sahne auf Tellern anrichten und mit etwas Dill und Petersilie bestreuen. Die Rotweinnudeln dazu reichen.

Rindfleisch auf japanische Art
»Shabu-Shabu«

von Steffen Henssler

Zutaten für 4 Personen

1 walnussgroßes Stück Ingwer

1 Knoblauchzehe

1 kg Geflügelklein

1 TL schwarze Pfefferkörner

1 EL Sojasauce

Salz

120 g Möhren

80 g Zwiebeln

60 g Shiitake-Pilze

120 g Zuckerschoten

1 Stange Staudensellerie

2 Rumpsteaks (à 220 g)

2 EL helle Sesamsamen

1 EL dunkle Sesamsamen

2 EL dunkles Sesamöl

Zucker

Pfeffer aus der Mühle

1 Den Ingwer und den Knoblauch schälen. Das Geflügelklein mit dem Ingwer, dem Knoblauch, den Pfefferkörnern, der Sojasauce und 2 l Wasser in einen Topf geben, mit Salz würzen, aufkochen und etwa 2 Stunden am Siedepunkt garen.

2 Die Möhren putzen, schälen, längs halbieren und in 5 mm dicke Scheiben schneiden. Die Zwiebeln schälen und in Spalten schneiden. Die Shiitake-Pilze trocken abreiben und vierteln. Die Zuckerschoten putzen, waschen und halbieren. Den Sellerie putzen, waschen und in dünne Scheiben schneiden. Die Rumpsteaks quer in dünne Scheiben schneiden. Die Sesamsamen in einer Pfanne ohne Fett rösten, bis sie zu duften beginnen.

3 Den Geflügelsud durch ein feines Sieb in einen Topf gießen. Die Flüssigkeit erhitzen und mit dem Sesamöl, 1 Prise Zucker und Pfeffer würzen. Die Möhren und den Sellerie in der Brühe 10 Minuten garen. Die Zuckerschoten, die Zwiebeln und die Pilze dazugeben und weitere 5 Minuten garen.

4 Bei Tisch die rohen Fleischscheiben portionsweise in der heißen Brühe garen und mit Sesam bestreut essen. Zum Schluss die Brühe in kleine Tassen füllen und servieren.

Markus Lanz

» Wer einmal das Glück hatte, in Japan zu essen, weiß: Sushi spielt in der japanischen Küche zwar eine wichtige, aber mitnichten die wichtigste Rolle. Und wer einmal das Glück hatte, von Steffen Henssler bekocht zu werden, weiß: Der kann auch Fleisch. «

Asiatische Rindsroulade
mit Frühlingsrollen und knusprigem Dip

von Stefan Marquard

Zutaten für 4 Personen

Für die Rindsroulade:

400 g Rinderfilet
Salz · Zucker · 3 EL Öl
100 g Shiitake-Pilze
100 g Pak Choi
100 g Babymaiskolben
2 kleine rote Spitzpaprikaschoten
1 Thai-Chilischote
2 unbehandelte Limetten
50 g Sojasprossen
1 Bund gehackter Koriander
20 g helle Sesamsamen
je 2 EL Sojasauce, Austernsauce
1 EL geröstetes Sesamöl
4 EL Panko (asiat. Paniermehl; geröstet)

Für die Frühlingsrollen:

200 g Rettich
1 Bund Frühlingszwiebeln
1 Thai-Chilischote
25 g Ingwer
1 unbehandelte Limette
50 g Cashewkerne
100 g Sojasprossen
8 EL Panko
4 Blätter Frühlingsrollenteig
1 Eiweiß · 1 l Palmöl

Für die Sauce:

20 g schwarze getrocknete Oliven
1/2 Bund Schnittlauch
3–4 EL Sesamöl
1 EL Peta-Zeta-Pulver
(Knallbrause)
2 EL Essigpulver · Salz · Zucker

1 Für die Roulade das Rinderfilet in 1 cm dicke Scheiben schneiden und zwischen zwei Lagen Frischhaltefolie mit dem Plattiereisen oder einer schweren Stielkasserolle auf die doppelte Größe flach klopfen. Mit Salz und Zucker würzen. In einer Pfanne 2 EL Öl erhitzen und das Fleisch darin bei starker Hitze auf einer Seite anbraten.

2 Für die Füllung die Pilze putzen, trocken abreiben und in dünne Scheiben schneiden. Den Pak Choi und den Babymais putzen, waschen und in Streifen schneiden. Die Spitzpaprika und die Chilischote längs halbieren, entkernen, waschen und in Streifen schneiden. Die Limetten heiß waschen, trocken reiben und die Schale abreiben. Das Gemüse mit Salz würzen. Das restliche Öl in einer Pfanne erhitzen und das Gemüse darin andünsten. Mit den gewaschenen Sojasprossen, Koriander, Sesam, Soja- und Austernsauce, Sesamöl und Limettenschale verfeinern. Die Gemüsefüllung mittig auf die Filetstreifen legen, das Fleisch aufrollen und warm stellen.

3 Für die Frühlingsrollen den Rettich putzen, schälen und in feine Scheiben schneiden. Die Frühlingszwiebeln putzen, waschen und längs in Streifen schneiden. Die Chilischote längs halbieren, entkernen, waschen und in Streifen schneiden. Den Ingwer schälen und fein reiben. Die Limette heiß waschen, trocken reiben, die Schale abreiben und den Saft auspressen. Die Cashewkerne grob hacken. Die vorbereiteten Zutaten mit den gewaschenen Sojasprossen, der Limettenschale und dem -saft sowie dem Panko mischen. Die Füllung auf den Frühlingsrollenteig geben, die Teigränder mit Eiweiß bestreichen und den Teig aufrollen. Das Öl in einem hohen Topf erhitzen und die Röllchen darin goldbraun frittieren.

4 Für die Sauce die Oliven in feine Würfel schneiden. Den Schnittlauch waschen, trocken schütteln und in Röllchen schneiden. Das Sesamöl mit dem Peta-Zeta-Pulver, dem Essigpulver, den Oliven und dem Schnittlauch verrühren. Die Sauce mit Salz und Zucker abschmecken. Die Rouladen auf Tellern anrichten und mit etwas geröstetem Panko bestreuen. Die Frühlingsrollen und den knusprigen Dip dazu reichen.

Markus Lanz

» Peta-Zeta-wat-für'n-Dingen? Ich hatte den Namen vorher nie gehört. Stefan Marquard klärte mich dann auf, dass es sich um eine Art Knallbrause ohne Eigengeschmack handelt, die tatsächlich am Gaumen zu explodieren scheint. Witziger Effekt! «

Bœuf bourguignon
– la version de luxe et rapide

von Andreas C. Studer

Zutaten für 4 Personen

Für das Bœuf bourguignon:

2 Schalotten

2 Möhren

1 Knoblauchzehe

4 EL Olivenöl

1 EL Tomatenmark

3 EL Mehl

1 TL Zucker

¾ l Rotwein

2 EL Demi-glace

600 g Rinderfilet

Salz · Pfeffer aus der Mühle

15 Perlzwiebeln

6 Scheiben Bauernspeck

150 g kleine Champignons

50 g Butter

50 g Mehl

½ Bund Petersilie

Für die Pommes mousselines:

800 g mehligkochende
Kartoffeln · Salz

100 g Sahne

2–3 EL Butter

frisch geriebene Muskatnuss

1 Den Backofen auf 130 °C vorheizen. Für das Bœuf bourguignon die Schalotten, die Möhren und den Knoblauch schälen. Die Schalotten in Streifen und die Möhren schräg in dünne Scheiben schneiden. Den Knoblauch fein hacken. In einem Bräter 2 EL Olivenöl erhitzen und alles darin 5 Minuten andünsten. Das Tomatenmark dazugeben, mit dem Mehl bestäuben, kurz anrösten und den Zucker hinzufügen. Den Wein und die Demi-glace dazugeben und das Gemüse im Ofen auf der mittleren Schiene 30 Minuten garen.

2 Inzwischen für die Pommes mousselines die Kartoffeln schälen, waschen, in grobe Würfel schneiden und in Salzwasser weich garen. Abgießen, kurz ausdampfen lassen und mit dem Kartoffelstampfer zerdrücken. Die Sahne erhitzen und mit der Butter unter das Püree rühren. Mit Salz und Muskatnuss abschmecken.

3 Das Rinderfilet in 1 cm kleine Würfel schneiden. Das restliche Olivenöl in einer Pfanne erhitzen und das Fleisch darin bei mittlerer Hitze rundum kurz anbraten. Mit Salz und Pfeffer würzen und warm stellen. Die Perlzwiebeln schälen und in kochendem Salzwasser 10 Minuten blanchieren. Den Speck in 1 cm breite Streifen schneiden. Die Champignons putzen, trocken abreiben und vierteln. Den Speck in einer Pfanne auslassen und die Champignons mit anbraten. Die Perlzwiebeln und 1 EL Butter unterrühren. Das Gemüse warm stellen.

4 Das Mehl mit der restlichen Butter verkneten und stückchenweise unter die Rotweinsauce rühren, bis sie die gewünschte Bindung hat. Die Rindfleischwürfel dazugeben, kurz aufkochen lassen und abschmecken. Die Petersilie waschen und trocken schütteln. Die Blätter abzupfen, fein hacken und mit der Champignon-Zwiebel-Mischung verrühren.

5 Das Bœuf bourguignon in tiefe Teller verteilen und die Champignon-Zwiebel-Mischung darauf verteilen. Die Pommes mousselines dazu reichen.

Markus Lanz

» Rindfleisch und Wein aus dem Burgund: Das sind die beiden Hauptzutaten für Bœuf bourguignon. Ein wunderbarer Klassiker, der seit der Filmkomödie ›Julie & Julia‹ plötzlich wieder in aller Munde ist. «

Desserts

150 Menschen auf engstem Raum, dazu unzählige glühende Lampen, dampfende Töpfe, heiße Herdplatten: In unserem Kochstudio war es meist fürchterlich heiß. Trotzdem bin ich mir nicht sicher, ob der Schweiß auf der Stirn derer, die auf der Dessert-Position standen, immer nur einen klimatischen Hintergrund hatte. Einige schwitzten vor Stress, andere dampften vor Wut. Doch manche Schweißperle hatte nur einen Grund: nackte Panik. Denn die Herstellung einer feinen Nachspeise ist eine Kunst, richtige Präzisionsarbeit, und es gilt: Wer unsauber arbeitet, den bestraft das Soufflé. Das kam selten vor, denn Spitzenköche sind ungeheuer geschickte Handwerker. Doch wenn es schiefging, war es zum Brüllen komisch. Da wurde Zucker mit Salz verwechselt oder gleich zu Tode karamellisiert, und Muffins hatten plötzlich die Konsistenz von Winterreifen. Also, trauen Sie sich ruhig ran, schlimmer kann's nicht werden!

Limoncello-Tiramisu
mit Himbeeren

von Alfons Schuhbeck

Zutaten für 12 Stücke

Für die Creme:

4 Blatt Gelatine
2 Eier
60 g Puderzucker
250 g Mascarpone
abgeriebene Schale von je
1/2 unbehandelten Orange
und Zitrone
1–2 EL Limoncello
(ital. Zitronenlikör)
100 g Sahne

*Für das Himbeer- und
Mangomark:*

250 g Himbeeren
Saft von 1 Zitrone
4 EL Zucker
1 große reife Mango

Außerdem:

ca. 500 g kleine Himbeeren
2 EL Zucker
200 ml Limoncello
1 Biskuitboden (20 cm ø)
300 g Löffelbiskuits

1 Für die Creme die Gelatine in kaltem Wasser einweichen. Die Eier trennen. Die Eigelbe mit der Hälfte des Puderzuckers in einer Metallschüssel im heißen Wasserbad hell schaumig aufschlagen. Dabei darauf achten, dass die Temperatur 80 °C nicht übersteigt. Vom Herd nehmen und zuerst die eingeweichte und etwas ausgedrückte Gelatine, dann den Mascarpone, die Orangen- und Zitronenschale und den Limoncello unterrühren. Die Sahne halb steif schlagen, die Eiweiße mit dem restlichen Puderzucker zu einem cremigen, festen Schnee schlagen. Zuerst die Sahne, dann den Eischnee unter die Mascarponecreme rühren.

2 Für das Fruchtmark die Himbeeren verlesen, waschen und trocken tupfen. Die Beeren mit 1 TL Zitronensaft und 2 EL Zucker in einen hohen Rührbecher geben, mit dem Stabmixer pürieren und durch ein feines Sieb streichen. Die Mango schälen, das Fruchtfleisch auf den flachen Seiten vom Stein schneiden und in kleine Würfel schneiden. Die Mangostücke mit 2 EL Zitronensaft und dem restlichen Zucker ebenfalls pürieren.

3 Die kleinen Himbeeren verlesen, waschen und trocken tupfen. Den Zucker mit 100 ml Wasser aufkochen, abkühlen lassen und mit dem Limoncello mischen. Den Biskuitboden in einen Tortenring (etwa 24 cm Durchmesser) legen. Die Löffelbiskuits rumdherum an den Rand stellen. Den Boden mit dem Limoncellosirup beträufeln. Ein Drittel der Creme gleichmäßig darauf verteilen, mit der Hälfte der Himbeeren belegen und ein weiteres Drittel der Creme einfüllen. Die übrigen Löffelbiskuits in den Limoncellosirup tauchen und darauflegen. Die restliche Creme darauf verstreichen und mit den übrigen Himbeeren belegen. Das Tiramisu im Kühlschrank mehrere Stunden durchziehen lassen.

4 Den Tortenring vorsichtig abnehmen. Das Limoncello-Tiramisu in Stücke schneiden, auf Tellern anrichten und das Himbeer- und Mangomark separat dazu servieren.

Markus Lanz

» Limoncello ist ein herrlich süßes Gesöff, das Bauersfrauen auf Sizilien und rund um Neapel direkt am Straßenrand verkaufen. Am allerbesten schmeckt der vergorene Zitronensaft, wenn er direkt und eiskalt aus dem Gefrierfach kommt. «

Passionsfrucht-Pavlova
mit gemischten Beeren

von Cornelia Poletto

Zutaten für 6 Personen

Für das Baiser:

2 Eiweiß

100 g Zucker

1/2 TL Speisestärke

1/2 TL Weißweinessig

Außerdem:

600 g gemischte Beeren

Saft und abgeriebene Schale

von 1 unbehandelten Limette

2 EL weißer Rum

2 Passionsfrüchte (Maracujas)

250 g Ricotta

4 EL Zucker

100 g Sahne

Markus Lanz

» Ein Dessert für Planer! Baisers schon am Vortag backen und einfach lose in Küchenpapier aufbewahren. Wichtig: Nicht kalt stellen oder luftdicht verpacken, weil sie sonst weich werden. Die Beerensauce wird einige Stunden vorher zubereitet und kalt gestellt. Auch die Ricottacreme lässt sich schon vorher zubereiten, allerdings ohne die Sahne. Die wird erst kurz vor dem Anrichten unter das Dessert gehoben. «

1 Den Backofen auf 125 °C vorheizen. Für das Baiser die Eiweiße halb steif schlagen. Den Zucker einrieseln lassen und die Eiweiße zu steifem, glattem Schnee schlagen. Die Speisestärke darübersieben, den Essig dazugeben und beides unterrühren. Den Eischnee mithilfe eines Spritzbeutels in 7 Häufchen auf ein mit Backpapier belegtes Backblech setzen. Mit einem Löffel oben jeweils eine flache Mulde hineindrücken. Die Baisers im Ofen auf der mittleren Schiene etwa 2 Stunden trocknen lassen. Anschließend 1 weitere Stunde im ausgeschalteten Backofen ruhen lassen.

2 Die Beeren verlesen, waschen und trocken tupfen. Etwa ein Drittel mit 2 EL Limettensaft und dem Rum mit dem Stabmixer fein pürieren. Die Passionsfrüchte halbieren, das Fruchtfleisch herauskratzen und unter das Püree mischen. Die restlichen Beeren unterheben und die Mischung kühl stellen. Den übrigen Limettensaft, die Limettenschale, den Ricotta und den Zucker verrühren. Die Sahne steif schlagen und unterheben.

3 Auf sechs Dessertteller je 1 Baiser legen, die Creme und das Beerenragout darauf verteilen. Das übrige Baiser grob zerbröckeln und auf die Passionsfrucht-Pavlova streuen.

Espresso-Zabaglione
mit Orangen-Panna-cotta

von Mario Kotaska

Zutaten für 4 Personen

Für die Panna cotta:

4 Blatt Gelatine

500 g Sahne · 50 g Zucker

abgeriebene Schale von

1 1/2 unbehandelten Orangen

ausgekratztes Mark von

1 Vanilleschote

1/2 TL zerstoßener Pfeffermix

Für die Orangenfilets:

3 Orangen · 2 Sternanis

50 ml Orangenlikör

ausgekratztes Mark von

1 Vanilleschote

Für die Orangenhippen:

300 g Puderzucker

120 g Mandelgrieß (sehr fein

gemahlene Mandeln)

120 g Mehl

Saft von 2 unbehandelten

Orangen

abgeriebene Schale von

3 unbehandelten Orangen

120 g flüssige Butter (abgekühlt)

Für die Zabaglione:

2 Eier · 4 Eigelb

120 g Zucker

150 ml doppelter Espresso

100 ml Champagner

5 cl Marsala (ital. Süßwein)

4 cl Kaffeelikör

Außerdem:

8 Himbeeren

3 Stiele Minze

1 Für die Panna cotta die Gelatine in kaltem Wasser einweichen. Die Sahne mit dem Zucker, der Orangenschale, dem Vanillemark und dem Pfeffer aufkochen. Die ausgedrückte Gelatine unter Rühren darin auflösen. Die Mischung in kleine Förmchen füllen und zugedeckt kühl stellen.

2 Für die Orangenfilets die Orangen mit einem Messer so großzügig schälen, dass auch die weiße Haut mit entfernt wird. Die Fruchtfilets mit einem scharfen Messer aus den Trennhäuten schneiden, mit dem Sternanis, dem Orangenlikör und dem Vanillemark in einen Topf geben und bei schwacher Hitze etwa 5 Minuten köcheln lassen. Den Backofen auf 180 °C vorheizen.

3 Für die Orangenhippen ein Backblech mit Backpapier auslegen. Den Puderzucker, den Mandelgrieß, das Mehl, den Orangensaft und die -schale sowie die flüssige Butter verrühren. Den Hippenteig mithilfe eines kleinen Löffels im Abstand von etwa 10 cm in Tupfen auf das Backpapier setzen und diese 1 bis 2 mm dünn ausstreichen. Die Hippen im Ofen auf der mittleren Schiene 6 bis 8 Minuten goldbraun backen.

4 Für die Zabaglione die Eier, die Eigelbe, den Zucker, den Espresso, den Champagner, den Marsala und den Kaffeelikör in einer Metallschüssel im heißen Wasserbad schaumig aufschlagen. Auf kleine Gläser verteilen. Die Himbeeren verlesen, waschen und trocken tupfen. Die Minze waschen, trocken schütteln und die Blätter abzupfen.

5 Die Panna cotta auf Dessertteller stürzen. Jeweils 1 Glas mit Espresso-Zabaglione dazustellen und die Orangenfilets mit den Orangenhippen dekorativ daneben anrichten. Das Dessert mit Himbeeren und ein paar Minzeblättern garniert servieren.

Orangen-Schokoladen-Creme
mit Erdbeeren und Basilikum

von Ralf Zacherl

Zutaten für 4 Personen

Für die Orangen-Schokoladen-Creme:

5 Blatt Gelatine

60 g Zartbitterkuvertüre

1 Vanilleschote

2 unbehandelte Orangen

400 g Sahne

6 Eigelb

80 g Zucker

Meersalz

2 cl Orangenlikör

500 g Erdbeeren

Für die Basilikumsahne:

1/2 Blatt Gelatine

1/2 Bund Basilikum

1 EL Zucker

Meersalz

150 g Sahne

Für die Brownies:

100 g Schokoladen-Nuss-Brownies

2 cl Orangenlikör

260 g geschlagene Sahne

Außerdem:

1 Espuma-Flasche

2 Espuma-Kapseln

1 Für die Creme die Gelatine in kaltem Wasser einweichen. Die Kuvertüre fein hacken. Die Vanilleschote längs aufschneiden und das Mark herauskratzen. Die Orangen heiß waschen, trocken reiben und die Schale abreiben. Die Sahne mit der Vanilleschote aufkochen. Die Eigelbe mit dem Zucker in einer Metallschüssel im heißen Wasserbad hellgelb und cremig aufschlagen. Die heiße Sahne unter Rühren dazugeben, sodass es abbindet (zur Rose abziehen). Falls keine Bindung entstanden ist, die Masse im Wasserbad weiterrühren, bis sie 80 °C erreicht hat. Die Vanilleschoten entfernen. Die Gelatine ausdrücken und mit Kuvertüre, Orangenschale, 1 Prise Meersalz, Orangenlikör und Vanillemark unter die heiße Eiermasse rühren. Die Creme zugedeckt in den Kühlschrank stellen, dabei ab und zu umrühren.

2 Die Erdbeeren waschen, putzen und in Stücke schneiden. Nach Belieben mit etwas Zucker marinieren und zugedeckt beiseitestellen. Die Orangen mit einem Messer so großzügig schälen, dass auch die weiße Haut mit entfernt wird. Das Fruchtfleisch klein schneiden und beiseitestellen.

3 Für die Basilikumsahne die Gelatine in kaltem Wasser einweichen. Das Basilikum waschen und trocken schütteln, die Blätter abzupfen und fein hacken. Die Stiele und ein Drittel der Blätter mit dem Zucker, 1 Prise Meersalz und 50 g Sahne langsam auf etwa 60 °C erhitzen. Die warme Sahne durch ein Sieb gießen und die ausgedrückte Gelatine darin unter Rühren auflösen. Die restliche kalte Sahne mit dem übrigen Basilikum unterrühren. Die Basilikumsahne durch ein feines Sieb streichen, in eine Espuma-Flasche abfüllen und kühl stellen.

4 Die Brownies in grobe Würfel schneiden und mit dem Orangenlikör beträufeln. Sobald die Orangen-Schokoladen-Creme zu gelieren beginnt, die Browniewürfel und die geschlagene Sahne unterheben. Abwechselnd Creme, Erdbeeren und Orangen in Dessertgläser schichten (dabei oben Platz für die Basilikumsahne lassen) und anschließend 8 Stunden zugedeckt kühl stellen.

5 Kurz vor dem Servieren zwei Kapseln in die Espuma-Flasche drehen. Die Basilikumsahne auf die Orangen-Schokoladen-Creme sprühen und das Dessert sofort servieren.

Markus Lanz

» Sehr raffiniertes Dessert, vor allem die Basilikumsahne hat mich begeistert! «

Quarksoufflé
mit Rhabarber und Limetten-Sauerrahm-Eis

von Ali Güngörmüş

Zutaten für 4 Personen

Für das Limetten-Sauerrahm-Eis:

180 g saure Sahne
140 g Puderzucker
180 g Naturjoghurt
100 g Sahne
40 ml Limettenensaft

Für den Rhabarber:

3 Stangen Rhabarber
20 Himbeeren
400 g Zucker
ausgekratztes Mark von
1/2 Vanilleschote
1 Scheibe Ingwer
abgeriebene Schale von
1/2 unbehandelten Orange
Zimtpulver

Für das Soufflé:

3 Eier
50 g Zucker
200 g Speisequark (20 % Fett)
ausgekratztes Mark von
1/4 Vanilleschote
abgeriebene Schale von je
1/2 unbehandelten Orange
und Zitrone

Außerdem:

Butter und Zucker für die
Formen

1 Für das Limetten-Sauerrahm-Eis die saure Sahne mit dem Puderzucker glatt rühren, anschließend den Joghurt, die Sahne und den Limettensaft untermischen. Die Masse in der Eismaschine etwa 25 Minuten zu einem cremigen Eis gefrieren lassen. Anschließend das Limetten-Sauerrahm-Eis bis zum Servieren in das Tiefkühlfach stellen.

2 Den Backofen auf 150 °C vorheizen. Den Rhabarber putzen und waschen. Die Himbeeren verlesen, waschen und trocken tupfen. Den Rhabarber schräg in Stücke schneiden und auf einem Backblech verteilen. In einem Topf 110 ml Wasser mit dem Zucker aufkochen. Vanillemark, Ingwer, Orangenschale und 1 Prise Zimt dazugeben. Den Sirup und die Himbeeren über dem Rhabarber verteilen. Mit Alufolie zugedeckt im Ofen etwa 20 Minuten weich schmoren. Herausnehmen und die Temperatur auf 220 °C erhöhen.

3 Für das Soufflé die Eier trennen. Die Eiweiße halb steif schlagen, den Zucker einrieseln lassen und die Eiweiße zu einem festen, glänzenden Schnee schlagen. Quark und Eigelbe verrühren, Vanillemark, Orangen- und Zitronenschale untermischen. Eischnee vorsichtig unterheben. Vier Souffléförmchen einfetten und mit Zucker ausstreuen. Die Soufflémasse einfüllen, in ein tiefes Backblech auf Küchenpapier setzen und so viel heißes Wasser angießen, dass die Förmchen zu einem Drittel im Wasser stehen. Die Soufflés im Ofen auf der mittleren Schiene etwa 15 Minuten garen.

4 Den geschmorten Rhabarber auf Dessertteller verteilen und je 1 Kugel Limetten-Sauerrahm-Eis daraufsetzen. Mit je 1 Soufflé frisch aus dem Ofen angerichtet servieren. Dazu passt 1 Klecks Vanillesahne.

Apfelstrudel im Glas
mit gebackenen Strudelblättern

von Alexander Herrmann

Zutaten für 4 Personen

50 g Rosinen

4 cl aromatischer Rum

2 Blatt Gelatine

200 g Sahne

ausgekratztes Mark von

1 Vanilleschote

5 EL Puderzucker

4 Äpfel

3 EL weiche Butter

1 Zimtstange

abgeriebene Schale von

1 unbehandelten Zitrone

2 EL Mandelblättchen

2 Strudelteigblätter (120 g;

aus dem Kühlregal)

1 Den Backofen auf 160 °C vorheizen. Die Rosinen im Rum einlegen. Die Gelatine in kaltem Wasser einweichen.

2 30 g Sahne mit dem Vanillemark und 2 EL Puderzucker erwärmen. Die leicht ausgedrückte Gelatine darin unter Rühren auflösen und in einer Metallschüssel im Eiswasserbad kalt rühren. Die restliche Sahne steif schlagen, unter die gelierende Vanillesahne rühren, in vier Whiskygläser füllen und zugedeckt kühl stellen.

3 Die Äpfel vierteln, schälen, entkernen und in kleine Würfel schneiden. In einer Pfanne 1 EL Butter erhitzen und die Apfelwürfel darin mit der Zimtstange und der Zitronenschale bei schwacher Hitze andünsten. Mit 1 EL Puderzucker abschmecken. Die Mandelblättchen mit 1 EL Puderzucker mischen und in einer Pfanne bei kleiner Hitze langsam karamellisieren. Die Rosinen in ein Sieb abgießen, abtropfen lassen und zu den Äpfeln geben.

4 Die Strudelteigblätter auf der Arbeitsfläche ausbreiten und 8 Teigkreise ausstechen, die etwas kleiner sind als die Whiskygläser. Die Teigkreise mit der restlichen weichen Butter bestreichen und mit dem übrigen Puderzucker bestäuben. Ein Backblech mit Backpapier auslegen und die Teigkreise darauf verteilen. Im Ofen etwa 5 Minuten goldbraun backen und abkühlen lassen.

5 Je 1 Strudelblatt auf die Vanillesahne in die Gläsern legen, die Apfel-Rosinen-Mischung und die Mandelblättchen daraufgeben und mit 1 Strudelblatt garniert servieren. Mit Puderzucker bestäuben.

Markus Lanz

» Apfelstrudel ist als Dessert oft zu mächtig. Alexander Herrmanns Variation im Whiskyglas ist eine feine Alternative: Ein Mundvoll Apfelstrudel flutscht nach einem guten Essen immer noch irgendwie durch … «

Allerlei Schoko

mit zweierlei Mousses und Pudding

von Mario Kotaska

Zutaten für 4 Personen

Für die dunkle Mousse:

125 g Zartbitterkuvertüre

1 Ei · Salz

1 cl dunkler Kakaolikör

1 cl brauner Rum · 300 g Sahne

Für die weiße Mousse:

1½ Blatt Gelatine

300 g Sahne

125 g weiße Kuvertüre

1 Ei · Salz

1 cl heller Kakaolikör

1 cl weißer Rum

Für den Pudding:

400 g Sahne · 1 Vanilleschote

200 g Zartbitterkuvertüre

600 ml Milch · 1 Eigelb

20 g Kakaopulver · 80 g Zucker

40 g Speisestärke · 2 cl Rum

abgeriebene Schale von

1 unbehandelten Orange · Salz

Für die Strudelteigblätter:

200 g Strudelteig (aus dem
Kühlregal)

50 g flüssige Butter

abgeriebene Schale von

2 unbehandelten Orangen

100 g Puderzucker

Für den Milchschaum:

1 Vanilleschote

½ l Milch · 150 g Zucker

50 ml Orangenlikör

4 cl Mandellikör

30 g Himbeeren

1 Für die dunkle Mousse die Kuvertüre fein hacken und in einer Metallschüssel im heißen Wasserbad schmelzen. Das Ei und 1 Prise Salz mit den Quirlen des Handrührgeräts schaumig schlagen und die flüssige Kuvertüre unterrühren. Den Kakaolikör und den Rum dazugeben. Die Sahne steif schlagen und unterheben. Die Mousse zugedeckt mehrere Stunden kühl stellen.

2 Für die weiße Mousse die Gelatine in kaltem Wasser einweichen. Die Sahne steif schlagen. Die Kuvertüre fein hacken und im heißen Wasserbad schmelzen. Das Ei mit 1 Prise Salz mit dem Handrührgerät schaumig schlagen und die flüssige Kuvertüre unterrühren. Den Kakaolikör und den Rum dazugeben und die geschlagene Sahne unterheben. Die leicht ausgedrückte Gelatine unter Rühren in der warmen Mischung auflösen. Die Mousse zugedeckt mehrere Stunden kühl stellen.

3 Für den Pudding 200 g Sahne steif schlagen. Die Vanilleschote längs aufschneiden und das Mark herauskratzen. Die Kuvertüre fein hacken. Die Milch mit übriger Sahne, Eigelb, Kuvertüre, Kakao, Zucker, Speisestärke, Rum, Orangenschale, Vanillemark und 1 Prise Salz unter ständigem Rühren aufkochen. In eine Schüssel füllen und kurz abkühlen lassen. Die geschlagene Sahne unterheben.

4 Für die Strudelteigblätter den Backofen auf 200 °C vorheizen. Ein Backblech mit Backpapier auslegen, den Teig darauf ausbreiten und mit der flüssigen Butter bestreichen. Mit der Orangenschale bestreuen und mit dem Puderzucker bestäuben. Den Strudelteig im Ofen auf der mittleren Schiene 5 bis 8 Minuten goldbraun und knusprig backen.

5 Für den Milchschaum die Vanilleschote längs aufschneiden und das Mark herauskratzen. Die Milch mit dem Zucker, dem Vanillemark und dem Orangenlikör bei milder Hitze einköcheln lassen und über die mit Mandellikör marinierten Himbeeren träufeln.

6 Je nach Geschmack beide Moussesorten, den Pudding, die Strudelteigblätter und den Milchschaum gemeinsam auf einem großen Teller oder separat in Schälchen angerichtet servieren.

Joghurtsorbet
mit Schmor-Blutorangen und Macadamianüssen
von Alexander Herrmann

Zutaten für 4 Personen

Für das Joghurtsorbet:

300 g Naturjoghurt
Saft und abgeriebene Schale
von 1 unbehandelten Zitrone
60 g Puderzucker
ausgekratztes Mark von
½ Tahiti-Vanilleschote
60 g Crème double

Für die Macadamianüsse:

50 g ungesalzene Macadamianüsse
2 TL brauner Zucker
4 cl Amaretto
(ital. Mandellikör)

Für die Blutorangen:

4–6 unbehandelte Blutorangen
2–3 EL brauner Zucker
½ TL Speisestärke
Zimtpulver

Außerdem:
Zimtpulver zum Bestäuben

1 Für das Sorbet den Joghurt mit Zitronensaft und -schale, dem Puderzucker, dem Vanillemark und der Crème double glatt rühren. Die Masse in der Eismaschine etwa 25 Minuten zu einem cremigen Sorbet gefrieren lassen. Anschließend bis zum Servieren in das Tiefkühlfach stellen.

2 Für die Macadamianüsse den Backofen auf 160 °C Umluft vorheizen. Die Nüsse in einer ofenfesten Form im Ofen etwa 10 Minuten hellbraun rösten. Herausnehmen und beiseitestellen. Den braunen Zucker mit dem Amaretto und etwas Wasser in einem Topf bei mittlerer Hitze sirupartig einkochen lassen. Die gerösteten Macadamianüsse hinzufügen und den Sirup weiter einkochen lassen, bis er karamellisiert und die Macadamianüsse umhüllt. Die Nüsse sofort auf ein mit Backpapier belegtes Blech schütten, kurz abkühlen lassen, aber noch vor dem Erkalten vorsichtig voneinander trennen. Den Backofen weiterhin bei 160 °C eingeschaltet lassen.

3 Die Blutorangen heiß waschen, trocken reiben und die Schale von 1 bis 2 Früchten (je nach Größe) abreiben. Alle Orangen so großzügig schälen, dass auch die weiße Haut mit entfernt wird. Die Fruchtfilets mit einem scharfen Messer aus den Trennhäuten lösen und den dabei austretenden Saft auffangen. Die Orangenfilets in eine ofenfeste Form legen. Die Fruchtreste ausdrücken. Den Orangensaft mit der Orangenschale und 1 EL braunem Zucker etwa 10 Minuten einköcheln lassen. Die Speisestärke mit wenig kaltem Wasser glatt rühren und den Saft damit leicht sämig binden. Die Orangenfilets mit dem Saft beträufeln und mit dem restlichen braunen Zucker bestreuen. Ein Prise Zimt hinzufügen und die Orangen im Ofen auf der mittleren Schiene 12 bis 16 Minuten schmoren.

4 Die lauwarmen Orangenfilets mit Schmorsud dekorativ auf tiefen Desserttellern anrichten und mit 1 Prise Zimt bestäuben. Je 1 Nocke Joghurteis daraufsetzen. Das Dessert mit den karamellisierten Macadamianüssen bestreut servieren.

Markus Lanz

»›Amaretto ist ein geiles Zeug‹, sangen Spliff in den 80ern. Der Befund ist bis heute richtig. Doch das wahrhaft gute Zeug in diesem Dessert sind die geschmorten Blutorangen. Unbedingt ausprobieren! «

Karamellisierte Ananasspieße
mit Ananas-Basilikum-Sorbet

von Lea Linster

Zutaten für 4 Personen

Für das Ananas-Basilikum-Sorbet:

1 große Ananas
200–250 g Zucker
Saft von 1 Limette
1/2 Bund Basilikum

Für die karamellisierten Ananasspieße:

1 große Ananas
2 EL Butter
2 EL brauner Zucker
100 ml Ananassaft
ausgekratztes Mark von
1 Vanilleschote

1 Für das Sorbet die Ananas schälen, vierteln und den harten Strunk entfernen. Das Fruchtfleisch in grobe Würfel schneiden und im Mixer fein pürieren. Das Püree durch ein nicht zu feines Sieb streichen. Je nach Reife der Ananas mehr oder weniger Zucker und den Limettensaft dazugeben. Das Basilikum waschen und trocken schütteln. Die Blätter abzupfen, fein hacken und unterrühren. Die Masse in der Eismaschine etwa 25 Minuten zu einem Sorbet gefrieren lassen und bis zum Servieren im Tiefkühlfach aufbewahren.

2 Für die Spieße die Ananas schälen und vierteln. Den harten Strunk entfernen und das Fruchtfleisch in Dreiecke schneiden. Jeweils 4 bis 5 Stücke auf einen Holzspieß stecken. Die Butter in einer großen Pfanne erhitzen, die Spieße hineinlegen und mit braunem Zucker bestreuen. Die Spieße auf beiden Seiten braten und den Zucker dabei goldbraun karamellisieren. Die Spieße herausnehmen. Den Sud mit dem Ananassaft ablöschen. Das Vanillemark hinzufügen und den Saft siruppartig einkochen lassen.

3 Die karamellisierten Ananasspieße auf Tellern anrichten und mit dem Sirup beträufeln. Je 1 Kugel Ananas-Basilikum-Sorbet danebensetzen.

Markus Lanz

» Ananas und Basilikum zum Sorbet verarbeitet: wunderbar. Und vor allem: wunderbar einfach. «

Mini-Panettone
mit Schokoladenguss

von Chakall

Zutaten für 6 Stück

Für die Panettoni:
1 EL Rosinen (nach Geschmack)
50 g kandierte Früchte
(nach Geschmack)
4 Walnusskerne
(nach Geschmack)
20 g Pinienkerne
1 Ei · 3 EL Zucker
50 g flüssige Butter
150 g Mehl · 10 g Hefe
60 ml lauwarme Milch
1 EL Portwein
½ TL Orangenblütenwasser
½ TL Malzessig (alternativ
Obstessig)

Für den Schokoladenguss:
je 100 g gehackte weiße Schokolade und Zartbitterschokolade
25 g Butter

Außerdem:
Butter und Mehl für die Form

Markus Lanz

» Wenn es in italienischen Bäckereien verführerisch nach Panettone riecht, dann weiß jedes Kind: Es ist wieder Weihnachten. Ein Bäcker namens Antonio soll den Kuchen für seine Geliebte erdacht haben. Weil plötzlich alle ›pane di Antonio‹ – Brot von Antonio – haben wollten, kam der Kuchen zu seinem Namen: Panettone. «

1 Den Backofen auf 180 °C vorheizen. Rosinen und kandierte Früchte getrennt in lauwarmem Wasser einweichen. Walnüsse und Pinienkerne hacken. Rosinen und kandierte Früchte abgießen, trocken tupfen und in kleine Stücke schneiden. Das Ei trennen. Das Eigelb mit dem Zucker schaumig rühren. Butter, Mehl, zerbröckelte Hefe und Milch unter ständigem Rühren untermischen, bis ein glatter Teig entsteht. Den Portwein unterrühren. Das Orangenblütenwasser, den Essig, Walnüsse, Pinienkerne, Rosinen und kandierte Früchte unterrühren. Das Eiweiß zu steifem Schnee schlagen und unter den Teig heben. Eine Muffinform mit sechs Mulden mit Butter einfetten und mit Mehl ausstreuen. Den Teig einfüllen und zugedeckt 15 Minuten gehen lassen.

2 Die Mini-Panettoni im Ofen auf der mittleren Schiene etwa 25 Minuten backen und abkühlen lassen. Für den Schokoladenguss beide Schokoladensorten mit 25 ml Wasser und der Butter in einer Metallschüssel im heißen Wasserbad unter Rühren schmelzen lassen.

3 Die Mini-Panettoni nach Belieben mit dem Schokoladenguss garnieren oder überziehen. Dazu passt Walnusseis.

Lauwarmer Schokoladenkuchen
mit Ingwer und Himbeersabayon

von Alfons Schuhbeck

Zutaten für 4 Personen

Für die Schokoladenküchlein:

125 g Butter
60 g Puderzucker
2 Eigelb · 3 Eier
110 g Zartbitterschokolade
1 EL kandierter Ingwer
1 TL Ingwerpulver
abgeriebene Schale von
1/2 unbehandelten Orange
ausgekratztes Mark von
1/2 Vanilleschote · Salz
100 g Mehl (gesiebt)
4 Ingwertrüffel (ersatzweise
andere Trüffelpralinen)

Für die Schokoladensauce:

200 g Zartbitterkuvertüre
200 g Sahne
Ingwerpulver
gemahlener Kardamom

Für das Himbeersabayon:

1/4 Blatt Gelatine
70 ml Prosecco
2 EL Zucker · 2 Eigelb
150 g Himbeermark
1 EL süßer Granatapfelsirup
1 EL Zitronensaft

Außerdem:

Butter und Zucker für
die Formen · 200 g Himbeeren
1 EL Granatapfelkerne
4 Stiele Minze

1   Den Backofen auf 180 bis 200 °C vorheizen. Für den Schokoladenkuchen die Butter mit dem Puderzucker schaumig rühren. Nach und nach die Eigelbe und die Eier unterrühren. Die Schokolade in Stücke brechen und in einer Metallschüssel im heißen Wasserbad schmelzen, dabei soll sie nicht wärmer als 50 °C werden. Den Ingwer fein hacken. Die Schokolade mit den Ingwerstückchen, dem Ingwerpulver, der Orangenschale, dem Vanillemark und 1 Prise Salz unter die Butter-Eier-Mischung rühren. Das Mehl unterheben.

2   Die Masse in gefettete und gezuckerte Förmchen (z.B. Muffinformen) dreiviertel hoch einfüllen und je 1 Trüffel hineindrücken. Die Schokoladenküchlein im Ofen auf der mittleren Schiene etwa 20 Minuten backen.

3   Inzwischen für die Schokoladensauce die Kuvertüre fein hacken und in eine Schüssel geben. Die Sahne in einem kleinen Topf aufkochen, über die Kuvertüre gießen und beides mit einem Schneebesen zu einer glatten Sauce verrühren. Mit je 1 Prise Ingwerpulver und Kardamom abschmecken.

4   Für das Himbeersabayon die Gelatine in kaltem Wasser einweichen. Den Prosecco, den Zucker und die Eigelbe in einer Metallschüssel im heißen Wasserbad (75 bis 78 °C) schaumig aufschlagen. Die ausgedrückte Gelatine unter Rühren darin auflösen und die Masse im Eiswasserbad kalt schlagen. Das Himbeermark und den Granatapfelsirup hinzufügen, mit dem Zitronensaft abschmecken. Die Himbeeren verlesen, waschen und trocken tupfen. Die Minze waschen und trocken schütteln.

5   Das Himbeersabayon in tiefe Teller verteilen, die Küchlein stürzen und jeweils 1 Küchlein in die Mitte setzen. Die Schokoladensauce darüberträufeln und das Ganze mit frischen Himbeeren, Granatapfelkernen und je 1 Stiel Minze garniert servieren.

Crêpe à la Monte Christo
mit Ahornsirup-Eis

von Johannes King

Zutaten für 4 Personen

Für das Ahornsirup-Eis:

2 Vanilleschoten · ¼ l Milch
250 g Sahne · 6 Eigelb
100 g Ahornsirup

Für den Teig:

abgeriebene Schale von
je ¼ unbehandelte Orange
und Zitrone
Mark von 1 Vanilleschote
2 Eigelbe · 1 Ei
110 g Mehl · 280 g Milch
10 g Zucker · 60 ml Bier
30 g flüssige braune Butter
(siehe S. 103, Schritt 3)
1 Schuss Malzbier

Für die Füllung:

150 g Butter
80 g Marzipanrohmasse
1 Eigelb
100 g gemahlene Mandeln
80 g gehackte Pinienkerne
3 cl grüner Kräuterlikör

Für die Sauce:

80 g brauner Zucker
200 ml frisch gepresster
Orangensaft
2 cl grüner Kräuterlikör
100 ml Eierlikör
50 g Vanillesauce
2 EL geschlagene Sahne

Außerdem:

4 TL geklärte Butter zum
Ausbacken

1 Für das Eis die Vanilleschoten längs aufschneiden und das Mark herauskratzen. Milch und Sahne mit den Vanilleschoten und dem -mark aufkochen. Die Eigelbe mit dem Ahornsirup schaumig schlagen und zur heißen Vanille-Sahne-Milch geben. Alles sorgfältig miteinander vermengen und bei milder Hitze mit dem Kochlöffel rühren, bis die Mischung dicklich einkocht. Durch ein Sieb gießen und in der Eismaschine etwa 25 Minuten zu einem cremigen Eis gefrieren lassen. Bis zum Servieren im Tiefkühlfach aufbewahren.

2 Für den Teig die Orangen- und Zitronenschale, das Vanillemark, die Eigelbe, das Ei, das Mehl, die Milch, den Zucker, das Bier, die braune Butter und etwas Malzbier zu einem glatten Teig verrühren. Den Teig im Kühlschrank etwa 30 Minuten ruhen lassen.

3 Für die Füllung die Butter und das Marzipan schaumig rühren, das Eigelb dazugeben und unterrühren. Mandeln, Pinienkerne und den Kräuterlikör untermischen. Die Füllung etwa 30 Minuten kühl stellen.

4 Für die Sauce den Zucker in einer Pfanne karamellisieren, mit dem Orangensaft ablöschen und etwas einköcheln lassen. Den Kräuterlikör, den Eierlikör, die Vanillesauce und die geschlagene Sahne dazugeben. Einmal aufkochen und mit dem Stabmixer kurz aufschäumen.

5 Jeweils 1 TL geklärte Butter in einer Pfanne erhitzen und aus dem Teig kellenweise dünne hellbraune Crêpes backen. Auf 1 Crêpehälfte die Füllung sehr dünn aufstreichen. Die Crêpes zusammenfalten und bei schwacher Hitze in der Pfanne nochmals erwärmen.

6 Jeweils 1 Crêpe auf einen vorgewärmten Teller legen, mit reichlich Sauce übergießen und mit 1 Kugel Ahornsirup-Eis angerichtet servieren.

Gratinierte Mango
mit Vanillesabayon und Kokoseis

von Horst Lichter

Zutaten für 4 Personen

Für das Kokoseis:

1 Vanilleschote
250 g Sahne
¼ l Kokosmilch
30 g Zucker
100 g Kokosraspel
4 Eiweiß

Für die gratinierte Mango:

2 reife Mangos
Saft von 1 Zitrone
4 cl Orangenlikör
2 TL brauner Zucker

Für das Vanillesabayon:

80 g Sahne
3 Eigelb
50–70 ml Prosecco
30 g Zucker
ausgekratztes Mark von
½ Vanilleschote
Salz

Außerdem:

100 g Erdbeeren
100 g frische Kokosraspel
Puderzucker

1 Für das Eis die Vanilleschote längs aufschneiden und das Mark herauskratzen. Die Sahne und die Kokosmilch mit dem Zucker, den Kokosraspeln, der Vanilleschote und dem -mark in einen Topf geben, einmal aufkochen lassen und die Hitze deutlich reduzieren. Die Vanilleschote entfernen. Die Eiweiße zu steifem Schnee schlagen und vorsichtig unter die warme Sahne-Milch-Mischung heben. Alles nochmals kurz aufkochen lassen und durch ein Sieb gießen. In der Eismaschine etwa 25 Minuten zu einem cremigen Eis gefrieren lassen. Bis zum Servieren im Tiefkühlfach aufbewahren.

2 Für die gratinierte Mango die Mangos schälen, das Fruchtfleisch auf den flachen Seiten vom Stein schneiden und in feine Spalten schneiden. Die Spalten auf einer Hälfte von ofenfesten großen Tellern fächerförmig auslegen. Mit dem Zitronensaft und dem Orangenlikör beträufeln und den braunen Zucker darüberstreuen. Den Backofengrill einschalten.

3 Für das Sabayon die Sahne steif schlagen. Die Eigelbe, den Prosecco, den Zucker, das Vanillemark und 1 Prise Salz in einer Metallschüssel im heißen Wasserbad zur Rose (cremig) aufschlagen, dann die Masse im Eiswasserbad kalt schlagen. Die steif geschlagene Sahne vorsichtig unterheben und die Mangofächer mit dem Sabayon überziehen. Unter dem Grill 5 bis 8 Minuten goldbraun gratinieren. Die Erdbeeren waschen, putzen, trocken tupfen und nach Belieben halbieren.

4 Die Teller aus dem Backofen nehmen und das Dessert rundherum mit Kokosraspeln und Erdbeeren garnieren. Das Kokoseis auf Schälchen verteilen und mit auf die Teller stellen. Die gratinierte Mango mit Puderzucker bestäubt servieren.

Markus Lanz

» Ich habe die Frage unzählige Male gehört: Kann der Lichter wirklich kochen? Natürlich kann er. Und dieses Dessert ist die Antwort. Lecker! «

In Chai gebratener Gewürzkuchen
mit Mango-Chili-Sorbet

von Alfons Schuhbeck

Zutaten für 4 Personen

Für das Sorbet:

80 g Zucker
2 kg reife Mangos
Saft von ½–1 Zitrone
1 EL Puderzucker
1 TL milde Chiliflocken

Für den Kuchen:

240 g Zucker · 4 Eier
1 TL abgeriebene unbehandelte
Orangenschale
ausgekratztes Mark von
1 Vanilleschote
1 TL arabisches Kaffeegewürz
(aus dem Gewürzladen)
½ TL Zimtpulver
½ TL gemahlene Fenchelsamen
100 g sehr weiche Butter
150 ml mildes Olivenöl
50 ml Milch · Saft von 1 Zitrone
220 g Mehl · 25 g Kakaopulver
4 g Backpulver
Butter und Mehl für das Blech
Zucker und Butter zum Braten

Für den Chai Latte:

1 EL Chaitee
150 ml Milch

Außerdem:

je 50 g Zucker und brauner
Zucker (gemischt)
12–20 Himbeeren
2 frische Feigen
einige Minzeblätter
2 EL Himbeermark

1 Für das Sorbet 150 ml Wasser mit dem Zucker aufkochen und abkühlen lassen. Die Mangos schälen, das Fruchtfleisch auf den flachen Seiten vom Stein schneiden und klein schneiden. Zum Zuckersirup geben, pürieren und durch ein Sieb streichen. Mit dem Zitronensaft und gegebenenfalls noch etwas Puderzucker abschmecken. Die Chiliflocken dazugeben. Das Mangomark in der Eismaschine etwa 25 Minuten zu einem cremigen Sorbet gefrieren lassen. Anschließend bis zum Servieren im Tiefkühlfach aufbewahren.

2 Den Backofen auf 160 °C vorheizen. Für den Kuchen Zucker, Eier, Orangenschale, Vanillemark, Kaffeegewürz, Zimt und den gemahlenen Fenchel schaumig schlagen. Die Butter nach und nach unterrühren. Das Olivenöl mit der Milch und dem Zitronensaft mit dem Stabmixer aufschäumen und mit dem Schneebesen unter die Schaummasse rühren.

3 Das Mehl, den Kakao und das Backpulver mischen, auf die Schaummasse sieben und unterheben. Ein tiefes Backblech mit Butter einfetten und mit Mehl bestäuben. Die Schaummasse 3 cm hoch hineinfüllen und auf der mittleren Schiene im Ofen etwa 35 Minuten backen.

4 Für den Chai ½ l Wasser aufkochen, den Tee hineingeben, vom Herd nehmen und 5 bis 7 Minuten ziehen lassen. Die Milch hinzufügen und den Tee durch ein Sieb gießen. Den Kuchen in Stücke schneiden, im Chai Latte tränken, im Zuckergemisch wenden und in einer beschichteten Pfanne rundum einige Minuten braten. Die Himbeeren und die Feigen waschen und trocken tupfen. Die Minze waschen und trocken tupfen.

5 Je 1 bis 2 Stück Kuchen auf Desserttellern anrichten, 1 Nocke Mango-Chili-Sorbet danebensetzen. Mit Himbeermark beträufeln und mit Himbeeren, Feigenspalten und Minze garniert servieren.

Apfeltarte
mit Milchspeiseeis

von Lea Linster

Zutaten für 4 Personen

Für das Milchspeiseeis:
2 l Vollmilch
150 g Zucker

Für die Tarte:
400 g Mehl
250 g Butter
Salz
4 Äpfel (z.B. Boskop)
50 g Butter in Flöckchen
3–4 EL Zucker

Außerdem:
Butter für das Blech

1 Für das Milchspeiseeis die Milch und den Zucker in einem Topf unter Rühren aufkochen. Die Flüssigkeit bei mittlerer Hitze auf die Hälfte einköcheln lassen, dabei regelmäßig rühren. Die Masse abkühlen lassen und anschließend in der Eismaschine etwa 25 Minuten zu einem cremigen Eis gefrieren lassen. Bis zum Servieren das Eis im Tiefkühlfach aufbewahren.

2 Für die Tarte das Mehl mit der Butter und 1 Prise Salz vermischen. Die Mischung mit 2 bis 3 EL eiskaltem Wasser verkneten. Den Teig zu einem breiten Band ausrollen. Dieses Band wie einen Blätterteig (dreimal) falten, um 90° drehen und wieder zu einem Band von etwa 20 x 25 cm ausrollen. Den Teig in Frischhaltefolie wickeln und 30 Minuten kühl stellen. Währenddessen den Backofen auf 180 °C vorheizen.

3 Die Äpfel waschen. Mit einem Ausstecher die Kerngehäuse entfernen und die Äpfel in Scheiben schneiden. Den Teig auf ein gefettetes Backblech legen. Die Apfelscheiben etwas überlappend in Reihen dicht nebeneinander auf den Teig legen. Wenn der Teig vollständig belegt ist, die Butterflöckchen auf die Apfelscheiben setzen und mit dem Zucker bestreuen. Die Tarte im Ofen auf der mittleren Schiene 50 bis 55 Minuten backen. Wichtig ist, dass der Teig von unten genug Hitze bekommt, so wird er schön kross. Nach Belieben zum Ende der Garzeit den Backofengrill einige Minuten einschalten.

4 Die Apfeltarte noch warm in 4 Stücke schneiden und mit je 1 Kugel Milcheis auf Desserttellern anrichten.

Markus Lanz

» In der Sendung gab mir Lea Linster folgenden Tipp: Wenn die Äpfel nicht säuerlich genug sind, bekommen sie eine feine Säure, wenn Sie die Tarte mit selbst gemachtem Limettenzucker bestreuen. Dafür den Zucker mit etwas Limettensaft benetzen, aber nur mit gerade so viel Flüssigkeit, dass er sich nicht auflöst, sondern krümelig wird. «

Mille-feuille
von Mascarpone und Himbeeren

von Nelson Müller

Zutaten für 4 Personen

Für die Mascarponecreme:

2 Blatt Gelatine
100 g Zucker
ausgekratztes Mark von
1/2 Vanilleschote
2 Eigelb
170 g Mascarpone
Saft von 1/2 Zitrone
300 g Sahne

Für das Waldmeistersorbet:

125 g Zucker
3 Blatt Gelatine
375 ml Weißwein
1 Bund Waldmeister
30 g Glukosesirup
125 g Himbeeren

Für die Orangenblätter:

100 g gehackte Mandeln
100 g Zucker
30 g Mehl
50 g flüssige Butter
Saft und abgeriebene Schale
von 1 unbehandelten Orange

1 Für die Mascarponecreme die Gelatine in kaltem Wasser einweichen. Den Zucker mit dem Vanillemark und den Eigelben im heißen Wasserbad zu einer Creme aufschlagen. Den Mascarpone mit dem Zitronensaft und der Eiercreme verrühren. Die ausgedrückte Gelatine in einem Topf erwärmen und unter die Mascarponecreme ziehen. Die Sahne steif schlagen und ebenfalls unterheben. Die Creme mindestens 5 Stunden kühl stellen.

2 Für das Waldmeistersorbet den Zucker in einem kleinen Topf mit 1/8 l Wasser zum Kochen bringen und 3 Minuten sprudelnd kochen lassen. Den Läuterzucker vollständig abkühlen lassen und 1/8 l abmessen. Den Rest anderweitig verwenden.

3 Die Gelatine in kaltem Wasser einweichen. Den Wein und den Läuterzucker zum Kochen bringen. Den Waldmeister waschen, trocken schütteln und im kochenden Sud 4 Minuten ziehen lassen. Die Flüssigkeit durch einen Kaffeefilter gießen. Die ausgedrückte Gelatine und die Glukose dazugeben und untermischen. Die Masse abkühlen lassen und anschließend in der Eismaschine etwa 25 Minuten zu einem cremigen Sorbet gefrieren lassen. Bis zum Servieren im Tiefkühlfach aufbewahren.

4 Für die Orangenblätter den Backofen auf 160 °C vorheizen. Die Mandeln, den Zucker, das Mehl, die flüssige Butter sowie Orangenschale und -saft mischen und 30 Minuten in den Kühlschrank stellen.

5 Den Teig zu kleinen Kugeln formen und mit relativ großem Abstand auf ein mit Backpapier belegtes Backblech legen. Der große Abstand ist wichtig, da der Teig beim Backen zu großen Blättern auseinanderläuft. Die Orangenblätter im Ofen auf der mittleren Schiene 8 bis 10 Minuten goldbraun backen und anschließend auskühlen lassen.

6 Die Himbeeren verlesen, waschen und trocken tupfen. Je 1 Orangenblatt auf jeden Dessertteller geben und Himbeeren und Tupfen von Mascarponecreme daraufsetzen. Das Ganze nochmals wiederholen und jedes Millefeuille von Mascarpone und Himbeeren mit 1 Kugel Waldmeistersorbet angerichtet servieren.

Markus Lanz

» Dessert zu machen ist Präzisionsarbeit. Das zeigt dieser unwiderstehliche Nachtisch von Nelson Müller eindrucksvoll. «

Windbeutel
mit Crème pâtissière

von Lea Linster

Zutaten für 4 Personen

Für die Crème pâtissière:

½ l Milch
125 g Zucker
4 Eigelb
60–70 g Mehl
ausgekratztes Mark von
1 Vanilleschote

Für den Brandteig:

50 g Butter
1 TL Zucker
Salz
125 g Mehl
3 Eier
Zucker zum Bestreuen

1 Den Backofen auf 180 °C vorheizen. Für die Crème pâtissière 3 EL Milch, 40 g Zucker, die Eigelbe und das Mehl glatt rühren. Das Vanillemark untermischen. Die restliche Milch mit dem übrigen Zucker aufkochen. Etwas heiße Milch zur Eiercreme geben und unterrühren. Diese Mischung in die restliche heiße Milch rühren. Die Masse kurz aufkochen lassen und dabei mit dem Schneebesen weiterrühren. Die Creme vom Herd nehmen, mit Frischhaltefolie abdecken und erkalten lassen.

2 Für den Brandteig ⅛ l Wasser, die Butter, den Zucker und 1 Prise Salz in einem Topf zum Kochen bringen. Vom Herd nehmen und das Mehl dazugeben. Alles so lange rühren, bis sich der Teigkloß vom Topf löst und am Boden eine weiße Schicht entsteht. Die Mischung in der Küchenmaschine oder mit dem Handrührgerät glatt rühren und anschließend etwas abkühlen lassen.

3 Die Eier nacheinander unter den Teig rühren, bis er eine zähflüssige Konsistenz hat. Ein Backblech mit Backpapier auslegen, vom Teig kleine Häufchen mit etwa 2½ cm Durchmesser formen. Die Häufchen auf das Blech setzen, mit etwas Zucker bestreuen und im Ofen auf der mittleren Schiene etwa 12 Minuten backen. Das Blech nach der Hälfte der Backzeit herausnehmen und andersherum wieder hineinschieben, damit der Teig gleichmäßig bäckt.

4 Die Crème pâtissière durch ein feines Sieb streichen und in einen Spritzbeutel mit langer, spitzer Tülle füllen. Die abgekühlten Windbeutel mit der Crème füllen. Alternativ die Windbeutel aufschneiden und 1 Klecks Crème mit einem Löffel zwischen die Hälften setzen.

5 Die Windbeutel mit Crème pâtissière auf Dessertteller verteilen und zusammen mit einer Tasse Kaffee oder einem Espresso servieren.

Berliner Luft
mit Himbeersauce und Kaffeewaffeln
von Kolja Kleeberg

Zutaten für 4 Personen

Für die Berliner Luft:

2 Blatt Gelatine

4 Eier

150 g Zucker

Saft und abgeriebene Schale

von 1 unbehandelten Zitrone

100 ml Weißwein

ausgekratztes Mark von

1 Vanilleschote

Zimtpulver

Salz

Für die Himbeersauce:

500 g Himbeeren

120 g Zucker

50 ml Rotwein

50 ml Himbeersaft

2 cl Himbeergeist

1 EL Puderzucker

abgeriebene Schale von

½ unbehandelten Orange

Für die Kaffeewaffeln:

175 g Marzipanrohmasse

125 g Puderzucker

2 EL Instant-Kaffeepulver

4 Eiweiß

60 g Mehl

100 g Sahne oder Milch

1 Für die Berliner Luft die Gelatine in kaltem Wasser einweichen. Die Eier trennen. Die Eigelbe mit 100 g Zucker, der Zitronenschale, -dem saft, dem Wein, dem Vanillemark sowie jeweils 1 Prise Zimt und Salz in einer Metallschüssel im heißen Wasserbad mit dem Schneebesen zu einer dicklich-cremigen Masse aufschlagen. Die ausgedrückte Gelatine unter Rühren darin auflösen. Die Creme im Eiswasserbad kalt schlagen. Die Eiweiße mit dem restlichen Zucker halb steif schlagen und locker unter die Creme heben. Bis zur weiteren Verwendung zugedeckt kühl stellen.

2 Für die Himbeersauce die Himbeeren verlesen, waschen und trocken tupfen. Eine Handvoll Himbeeren beiseitelegen. Den Zucker in einem weiten Topf karamellisieren. Die Himbeeren hinzufügen. Den Karamell mit dem Wein, dem Himbeersaft und dem Himbeergeist ablöschen. Das Ganze kurz aufkochen lassen, die Masse mit dem Stabmixer pürieren und durch ein feines Sieb streichen. Die übrigen Himbeeren mit dem Puderzucker und der Orangenschale marinieren. Den Backofen auf 200 °C vorheizen.

3 Für die Kaffeewaffeln das Marzipan, den Puderzucker, das Kaffeepulver und die Eiweiße glatt rühren. Das Mehl untermischen und den Teig mit der Sahne oder Milch zur gewünschten Konsistenz verdünnen. Die Masse auf ein mit Backpapier belegtes Backblech streichen und im Ofen auf der mittleren Schiene 8 bis 10 Minuten backen. Die Teigplatte noch heiß in Rechtecke schneiden und um einen Holzlöffelstiel wickeln.

4 Die Berliner Luft abwechselnd mit der Himbeersauce in vorgekühlte Gläser füllen. Mit den Kaffeewaffeln und den marinierten Himbeeren garniert servieren.

Markus Lanz

» Ein Klassiker raffiniert verfeinert: Vor allem die Kaffeewaffeln haben es mir angetan! «

Vanille-Blätterteig-Schnitten
mit Erdbeeren

von Mario Kotaska

Zutaten für 4 Personen

Für den Blätterteig:

200 g Blätterteig (in Scheiben)
2 Eigelb

Für die Vanillecreme:

1/2 l Milch
ausgekratztes Mark von
1 Vanilleschote
abgeriebene Schale von
1 unbehandelten Orange
100 g Zucker
40 g Speisestärke
4 Eigelb
200 g steif geschlagene Sahne

Für die Erdbeeren:

700 g Erdbeeren
1–2 EL Zucker
50 ml Weißwein
50 g weiße Kuvertüre-Drops
1 EL Mehl
1 Ei
50 g Panko (asiat. Paniermehl)
1/2 kg Frittierfett

Für den Milchschaum:

1/4 l Milch
ausgekratztes Mark von
1/2 Vanilleschote
abgeriebene Schale von
1 unbehandelten Orange
4 cl Orangenlikör

Außerdem:

Puderzucker

1 Den Backofen auf 200 °C vorheizen. Den Blätterteig in Rechtecke (6 x 12 cm) schneiden, die Teigplatten rundum, etwa 1 cm vom Rand entfernt, einschneiden. Den Rand mit Eigelb bestreichen. Den inneren Teil mehrmals mit der Gabel einstechen. Im Ofen 10 bis 15 Minuten goldbraun backen. Anschließend den inneren Teil mit einem Messer vorsichtig herauslösen. Hier kommt später die Füllung hinein. Die Ofentemperatur beibehalten.

2 Für die Vanillecreme Milch, Vanillemark, Orangenschale, Zucker, Speisestärke und Eigelbe in einem Topf unter ständigem Rühren aufkochen. In eine Metallschüssel umfüllen und im Eiswasserbad kalt schlagen. Die Vanillecreme zugedeckt kühl stellen.

3 Für die Erdbeeren die Früchte waschen, putzen und 8 große Beeren beiseitelegen. 20 gleich große Erdbeeren mit 1 TL Zucker sowie 1 EL Wein marinieren und ebenfalls beiseitestellen. Die übrigen Erdbeeren mit dem restlichen Zucker und Wein in einem Topf etwa 15 Minuten zu einer Sauce einkochen, mit dem Stabmixer pürieren und durch ein feines Sieb streichen.

4 Die 8 großen Erdbeeren mit einem kleinen Löffel aushöhlen und mit je 1 bis 2 Kuvertüre-Drops füllen. Die gefüllten Erdbeeren leicht im Mehl wenden, dann durch das verquirlte Ei ziehen und im Panko wälzen. Das Fett in der Fritteuse oder in einem hohen Topf erhitzen und die gefüllten und panierten Erdbeeren darin etwa 3 Minuten goldbraun ausbacken.

5 Für den Milchschaum alle Zutaten aufkochen und mit einem Milchaufschäumer aufmixen.

6 Vor dem Servieren die geschlagene Sahne unter die Vanillecreme heben. Die Blätterteigschnitten mit der Creme füllen. Einige marinierte Erdbeeren in Scheiben schneiden und die Schnitten jeweils mit einer Reihe leicht überlappender Erdbeerscheiben belegen.

7 Auf jedem Teller eine Blätterteig-Vanille-Schnitte anrichten, jeweils 2 frittierte und einige marinierte Erdbeeren daneben platzieren. Alles mit Puderzucker bestäuben und mit etwas Erdbeersauce und Milchschaumtupfen garniert servieren.

Leas Cheesecake
mit Zitronensauce

von Lea Linster

Zutaten für 12 Stücke

Für den Teig:

1 Ei

100 g Spekulatius

100 g Butterkekse

100 g Butter

Für den Belag:

100 g Sahne

3 Blatt Gelatine

3 Eiweiß

75 g Zucker

50 ml Milch

300 g Frischkäse

Für die Sauce:

1 Ei

Saft von 2 Zitronen

150 g Puderzucker

100 g weiche Butter

1 Den Backofen auf 150 °C vorheizen. Für den Teig das Ei schaumig schlagen. Die Spekulatius- und Butterkekse in einen Gefrierbeutel geben und mit dem Nudelholz zerdrücken. Die Brösel und die Butter zum Ei geben und alles verkneten, bis der Teig fest genug zum Ausrollen ist. Den Teig auf Backpapier dünn ausrollen und im Ofen auf der mittleren Schiene 15 bis 20 Minuten backen, danach auskühlen lassen. Anschließend einen Tortenring auf einen Durchmesser von 24 cm einstellen, damit einen Teigkreis ausstechen und diesen mit dem Ring auf eine feste Unterlage, z. B. eine Tortenplatte, setzen.

2 Für den Belag die Sahne steif schlagen. Die Gelatine in kaltem Wasser einweichen. Die Eiweiße mit dem Handrührgerät halb steif schlagen, den Zucker einrieseln lassen und die Eiweiße zu einem festen, glänzenden Schnee schlagen. Die Gelatine leicht ausdrücken, in etwas warmer Milch auflösen und unter den Frischkäse mischen. Danach den Eischnee und die geschlagene Sahne vorsichtig unterheben. Die Mischung in den Tortenring füllen und mindestens 1 Stunde kühl stellen.

3 Für die Sauce das Ei schaumig schlagen. Den Zitronensaft mit dem Puderzucker aufkochen und 2 bis 3 Minuten einköcheln lassen. Diese Mischung kurz abkühlen lassen, dann die Butter und das schaumig geschlagene Ei vorsichtig unterheben.

4 Den Cheesecake nach Belieben mit Zitronenmelisseblättern oder Himbeeren garnieren, in 12 Stücke schneiden, auf Tellern anrichten und mit der Zitronensauce servieren.

Markus Lanz

» Lea Linster ist nicht nur Käsekuchenfan, sondern offenbar Teil einer geheimen Käsekuchenbewegung. In der Sendung sagte sie nämlich: ›Manchmal kommt es mir vor, als hätten Käsekuchenesser ein geheimes Erkennungszeichen. Sie ziehen sich an und sind sich auf Anhieb sympathisch. Überall auf der Welt habe ich deshalb schon Käsekuchen gekostet und dabei manche Überraschung erlebt.‹ «

Porträts

Chakall

Das Markenzeichen des ausgebildeten Kochs mit argentinischen Wurzeln ist sein Turban. Seit 2009 zieht Chakall bei seinen Auftritten im Fernsehen und bei Events das deutsche Publikum in seinen Bann. International ist der Sternekoch bereits erfolgreich – in Portugal präsentiert er eine eigene TV-Show und sogar in China hat er mehr als 100 Millionen Zuschauer erreicht. Der Weltenbummler spricht sechs Sprachen und hat bis heute über 200 Länder bereist und erschmeckt. Der studierte Journalist besitzt mehrere Restaurants in Portugal. Im Oktober 2012 eröffnet Chakall ein südamerikanisches Restaurant in Berlin.

Chakall: Chakall kocht, Dorling Kindersley Verlag, ISBN 978-3-8310-1750-8

Ali Güngörmüş

»Vom Einfachen das Beste« – diese Küchenphilosophie verhalf dem türkischen Küchenchef des »Le Canard« in Hamburg 2006 zum ersten Michelin-Stern. Seiner Devise, den Charakter hochwertiger Zutaten mit ausgewählten Aromen zu unterstreichen, ist Ali Güngörmüş bis heute treu geblieben – sei es in der mediterranen oder orientalischen Küche, stets jedoch mit einem Hauch aus 1001 Nacht. Wegen seiner großen Kreativität und Leistungsbereitschaft wurde er ebenfalls 2006 im Rahmen der Kampagne »Deutschland – Land der Ideen« zu einem der »100 Köpfe von morgen« mit aussichtsreicher Zukunft gewählt.

Güngörmüş: Bibliothek der Köche: Ali Güngörmus, Süddeutsche Zeitung, ISBN 978-3-86615-556-5

Steffen Henssler

Der Hamburger Jung durfte sich nach einer Ausbildung in Los Angeles als erster Deutscher »Professional Sushi Chef« nennen. Dass er andere Küchentechniken in ebensolcher Perfektion beherrscht, beweist er tagtäglich in seinen beiden Hamburger Restaurants »Henssler Henssler« und »ONO by Steffen Henssler«. 2012 wurde Steffen Henssler mit dem renommierten Gourmand Award als »Best European Chef« ausgezeichnet. Der bei »lanz kocht« gerne gesehene Kochprofi hat mit den »Topfgeldjägern« seit 2010 eine eigene TV-Show. Mit seiner Live-Kochshow »Meerjungfrauen kocht man nicht! - Liebe geht durch den Magen« ist Steffen Henssler in Deutschland, Österreich und in der Schweiz auf Tour.

Henssler: Schnell, schneller Henssler!, Dorling Kindersley Verlag, ISBN 978-3-8310-2110-9

Alexander Herrmann

Mit dem »Restaurant Alexander Herrmann«, das der charmante Franke seit 1995 betreibt, hält er seit 2008 seinen Michelin-Stern. Seine Fernsehkarriere begann im Jahr 1997, »der schönste Koch Deutschlands« (laut Markus Lanz) ist also schon lange ein fester Bestandteil des deutschen TV. Dass er allerdings nicht nur die Kunst des Kochens perfekt beherrscht, sondern auch das Zeug zum Entertainer besitzt, stellt er aktuell mit seiner Koch-Late-Night-Show »Sterneküche durchgedreht« live unter Beweis. Mit dem Menü des »Palazzo Nürnberg 2012/2013« präsentiert er sein kulinarisches Können im großen Rahmen.

Herrmann/Holländer: Küchen IQ, Band 3 (Anlass), Collection Rolf Heyne, ISBN 978-3-89910-485-1

Sohyi Kim

Mit 19 Jahren kam die Südkoreanerin nach Wien. Nach dem Modestudium dauerte es noch eine Weile, bevor sich Sohyi Kim auf ihre Leidenschaft zurückbesann: das Kochen. So wurde sie Wiens erste Sushi-Köchin und ist heute noch exotischer Star der dortigen Gastro-Szene. Die Spitzenköchin hatte die Kunst des Kochens von ihrer japanisch-koreanischen Mutter erlernt, die in der Heimat ein Gourmetrestaurant besaß. Seit 2001 ist auch Sohyi Kim Restaurantbesitzerin, seit 2010 wirkt sie - inzwischen mehrfach prämiert - auch im »Kim kocht. Shop & Studio« am Naschmarkt in Wien. Die bekannte TV-Köchin arbeitet auch als Kochbuchautorin.

Kim: Kim kocht neu, Brandstätter Verlag, ISBN 978-3-85033-556-0

Johannes King

Der gebürtige Schwabe erhielt seinen ersten Michelin-Stern 1993 in Berlin. Seit dem Jahr 2000 ist Johannes King Küchenchef und Gastgeber im Dorint Sofitel »Söl'ring Hof« in Rantum auf Sylt – hier folgte 2004 der zweite Stern. Berühmt ist der Wahl-Sylter für seine unverwechselbaren Kreationen, die er mit Vorliebe aus regionalen und saisonalen Produkten erschafft. Fundament von Johannes Kings Kochkunst ist die Leidenschaft – dies zeigt nicht zuletzt die Tatsache, dass er mit dem eigenen Boot zum Fisch- und Krabbenfang hinausfährt und auf einem selbst gepachteten Friesenhof Obst und Gemüse anbaut.

King: Das Kochbuch von Land und Meer, Collection Rolf Heyne, ISBN 978-3-89910-533-9

Kolja Kleeberg

Seit dem Jahr 2000 ist Kolja Kleeberg gern gesehener Stammgast im deutschen Fernsehen. Damit gehört der Besitzer des Sternerestaurants »VAU« in Berlin inzwischen zu den »alten Hasen« im Kochshow-Geschäft. Hier stellt er nicht nur seine Qualitäten als hervorragender Koch, sondern auch die als Entertainer unter Beweis. Das Rampenlicht gefällt ihm ebenso gut, wie der Umgang mit frischen, saisonalen Produkten ihn reizt. Die Erfindung immer neuer Kreationen bezeichnet Kolja Kleeberg selbst als Reise, auf der viele Wege offenstehen und bei der er sich von seiner ausgeprägten Neugierde und Experimentierfreude leiten lässt.

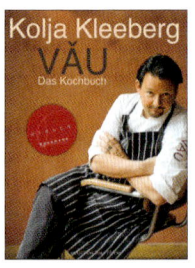

Kleeberg: VAU. Das Kochbuch, Collection Rolf Heyne, ISBN 978-3-89910-553-7

Mario Kotaska

Dass er von »Omas Küche« geprägt ist, betont der Küchenvirtuose gerne. Heute gehört die gehobene Sterneküche ebenso zu Mario Kotaskas Welt wie bodenständige Kreationen. Bis 2009 war er als Küchenchef im »La Societé« in Köln tätig, wo er sich 2006 den ersten Michelin-Stern erkochte. Seit 2009 machen seine mittlerweile zwei »Bratwerk«-Wagen vielerorts halt. Seinen Teamplayer-Geist zeigt er seit 2004 regelmäßig in verschiedenen Kochsendungen. Den Beweis, dass gutes Essen nicht teuer sein muss und schnell zubereitet ist – Hauptsache, es ist selbst gemacht –, tritt Mario Kotaska in seinem aktuellen Kochbuch an.

Kotaska: Street Food, AT Verlag, ISBN 978-3-03800-695-4

Horst Lichter

»Eine Messerspitze« Butter und »ein Spritzer« Sahne – diese Zutaten dürfen bei dem TV-Star nie fehlen. Und immer spricht Horst Lichter sie mit einem Augenzwinkern aus. Sich selbst und die Umwelt nicht immer ganz ernst zu nehmen ist ebenso seine Gabe, wie gut kochen zu können. Und dies beherrscht der gelernte Koch hervorragend, wobei seine Leidenschaft deftiger Hausmannskost gilt. Mit seiner fröhlichen und humorvollen Art zaubert Horst Lichter als Fernsehkoch bereits seit 1999 ein Lächeln auf die Gesichter des TV-Publikums. Dass der Spitzenkoch zum Entertainer geboren ist, zeigt er ab Herbst 2012 erneut mit seinem Bühnen-Liveprogramm »Horst Lichter. Jetzt kocht er auch noch!«.

Lichter: »Jetzt kocht er auch noch« – Alle Infos, Termine und Karten unter www.horst-lichter.de

Lea Linster

Die Auszeichnungen der Luxemburgerin aufzuzählen ist eine Aneinanderreihung von Superlativen. Seit nunmehr 30 Jahren arbeitet Lea Linster auf höchstem Niveau und erkochte so u. a. als erste und bisher einzige Frau den »Bocuse d'Or«. Sie ist Sterneköchin, Restaurant- und Weinbergbesitzerin, Kolumnen- und Kochbuchautorin und nicht zuletzt Fernsehstar. Mit großer Lebens- und Genussfreude kreiert die Powerfrau seit 2004 für Fernsehzuschauer aus Deutschland und Luxemburg regelmäßig Neues und lehrt sie ebenso Altbewährtes. Einfache Rezepte ohne unnötige Schnörkel verwandelt sie in kulinarische Highlights.

Linster: Kochen mit Genuss, Diana Verlag, ISBN 978-3-453-28533-0

Stefan Marquard

»Cooking is like punkrock« – der Sternekoch und »Vater der Jungen Wilden« hat inzwischen eine ganze Generation von Köchen geprägt. Seine Anerkennung fußt auf der innovativen Küchenexzentrik, der Stefan Marquard seit Karrierebeginn 1991 treu geblieben ist. Für ihn ist das Kochen eine der genialsten und erfüllendsten Beschäftigungen der Welt. Das TV-Publikum liebt den sympathischen Provokateur mit Pferdeschwanz und Kopftuch seit vielen Jahren. Jenseits von Kochshows und -seminaren konzentriert sich der Kochpirat seit 2003 mit Beratungen und Konzepterstellungen auf das Entern fremder Küchen.

Marquard: Blitzküche, Gräfe und Unzer Verlag, ISBN 978-3-833-82708-2

Nelson Müller

Seit einigen Jahren zählt er zu den Shootingstars am Spitzenkoch-Himmel. Kometengleich ist Nelson Müller binnen kürzester Zeit in den Michelin-Sterne-Himmel aufgestiegen und hat sich »nebenbei« in die Herzen der Zuschauer gekocht. Der sympathische Schwabe, der aus Ghana stammt, ist seit 2009 Besitzer des Restaurants »Schote« in Essen, mit dem er 2012 den ersten Michelin-Stern erhielt. Hier betreibt er die Kochschule »Food & Flavour«. Filigran angerichtete Teller sind Nelson Müllers Markenzeichen, seine multikulturellen Kunstwerke sind für Leib und Seele ein Genuss. Seine Leidenschaft neben dem Kochen ist die Musik.

Müller: Meine Rezepte für Body and Soul, ZS Verlag Zabert Sandmann, ISBN 978-3-89883-300-4

Cornelia Poletto

Nach der Eröffnung ihres Restaurants »Poletto« im Jahr 2000 folgte der erste Michelin-Stern nur zwei Jahre später. Er war u. a. der Lohn für die Philosophie »Wirklich gutes Essen kann nur aus wirklich guten Produkten entstehen«. 2010 schließt das Restaurant, aber das Motto bleibt – die Norddeutsche verpflichtet sich weiterhin dem Kochen auf hohem Niveau mit erstklassigen Produkten. Seit Juni 2011 tut sie dies wieder in ihrer eigenen »Gastronomia« in Hamburg. Schon viele Jahre gehört die Spitzenköchin und Kochbuchautorin zum »harten Kern« der ZDF-Sendung und hat eine eigene TV-Kochshow.

Poletto: Meine Lieblingsrezepte, ZS Verlag Zabert Sandmann, ISBN 978-3-89883-356-1

Alfons Schuhbeck

Der gebürtige Traunsteiner hat sich mit seinem urwüchsigen Charme und seinem profunden Wissen über Lebensmittel, Gewürze und Wirkstoffe in die Herzen der Fernsehzuschauer gekocht. Sein Geheimnis ist die Mischung aus perfektem Handwerk, Fantasie und dem nötigen Feingefühl. Der Modernisierer der bayerischen Küche bekam 1983 erstmals einen Michelin-Stern. Seit 2003 kocht er in München und eröffnete dort neben den Restaurants »In den Südtiroler Stuben« und »Orlando« einen Tee-, Gewürz- und Schokoladenladen und eine Eisdiele. Neben seiner eigenen Sendung »Schuhbecks« ist er Stammgast in vielen anderen Koch-Shows.

Schuhbeck: Meine bayerische Landküche, ZS Verlag Zabert Sandmann, ISBN 978-3-89883-336-3

Andreas C. Studer

Seine Fans nennen ihn »Studi«, sein Markenzeichen ist die mit dem Schirm im Nacken getragene Käppi. Schon seine Mutter war Köchin, von ihr hat der sympathische Schweizer die Liebe zum Kochen geerbt. Im Showgeschäft ist Andreas C. Studer ein »alter Hase« – bereits 1997 stand er das erste Mal vor der Kamera einer deutschen TV-Kochsendung. Von 2001 bis 2010 begeisterte er das Schweizer Publikum mit der eigenen Koch- und Quizshow »al dente«. Seine Küchenphilosophie besticht durch ihre leichte Art. So leidenschaftlich wie am Herd ist Andreas C. Studer als Fotograf unterwegs, wie er mit seinem neuen Buch beweist.

Studer: Meine Schweizer Kühe, Benteli Verlag, ISBN 978-3-7165-1728-4

Ralf Zacherl

Nicht nur optisch hat der sympathische Küchenkünstler das gewisse Etwas: Der Sohn einer Gastronomenfamilie besitzt die Gabe, wenige und/oder einfache Zutaten in köstlich-leckere, frappierend-überraschende Gerichte verwandeln zu können. Dabei bleibt der einstmals jüngste Sternekoch stets flexibel, er kocht nach dem Motto: »Der Topf ist rund, damit das Kochen die Richtung ändern kann.« Im Fernsehen ist der Starkoch seit 2003 präsent, er startete mit der Kochshow »Zacherl. Einfach kochen!« seine TV-Karriere. Seine Wissen rund ums Kochen gibt er abseits des TV heute am liebsten in Kochkursen weiter.

Zacherl: Kochen mit den Küchenchefs, Edel Germany, ISBN 978-3-84190-146-0

Markus Lanz

Seit 2008 entlockt der gebürtige Südtiroler jeden Freitag in seiner ZDF-Sendung »lanz kocht!« unseren beliebtesten Fernsehköchen originelle Rezepte und ungewöhnliche Tipps. An drei Abenden in der Woche interviewt er zudem für die Talkshow »Markus Lanz« Persönlichkeiten aus Film, Politik und Kultur. Neben seiner Arbeit für das Fernsehen ist er auch als Fotograf und Autor erfolgreich: 2007 schrieb er den Bestseller »Und plötzlich guckst du bis zum lieben Gott« über das Leben von Horst Lichter. 2010 veröffentlichte er für National Geographic die besten Fotos seiner zahlreichen Reisen in die Arktis. Auch »Grönland – Meine Reisen ans Ende der Welt« wurde zum Bestseller. Im Dezember 2010 lief er für eine ZDF-Dokumentation über den historischen Wettlauf zum Südpol unter anderem mit Joey Kelly mehr als 500 Kilometer zum Pol. Eine Live-Tournee im November 2011, auf der er mehr als 100 Bilder von seinen Reisen in polare Gebiete zeigte, folgte.

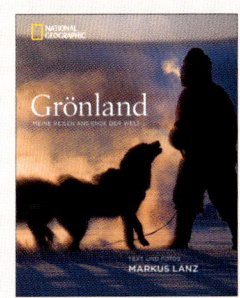

Lanz: Grönland – Meine Reisen ans Ende der Welt, National Geographic, ISBN 978-3-86690-195-7

Bildnachweis